MOLIÈRE

L'École
des femmes

Comédie en cinq actes

*avec illustrations
de Tony Johannot*

aionas

L'ÉCOLE DES FEMMES

L'École des femmes

des femmes

Comédie en cinq actes

(1662)

Molière dans le costume de l'Arnolphe

LES PERSONNAGES

ARNOLPHE, *autrement M. DE LA SOUCHE.*

AGNÈS, *jeune fille innocente, élevée par Arnolphe.*

HORACE, *amant d'Agnès.*

ALAIN, *paysan, valet d'Arnolphe.*

GEORGETTE, *paysanne, servante d'Arnolphe.*

CHRYSALDE, *ami d'Arnolphe.*

ENRIQUE, *beau-frère de Chrysalde.*

ORONTE, *père d'Horace et grand ami d'Arnolphe.*

La scène est dans une place de ville.

L'ESCOLE DES FEMMES

ACTE I
SCÈNE PREMIÈRE
CHRYSALDE, ARNOLPHE.

CHRYSALDE.
Vous venez, dites-vous, pour lui donner la main ?
ARNOLPHE.
Oui, je veux terminer la chose dans demain.
CHRYSALDE.
Nous sommes ici seuls, et l'on peut, ce me semble,
Sans craindre d'être ouïs, y discourir ensemble.
Voulez-vous qu'en ami je vous ouvre mon cœur ?
Votre dessein, pour vous, me fait trembler de peur ;
Et de quelque façon que vous tourniez l'affaire,
Prendre femme, est à vous un coup bien téméraire.
ARNOLPHE.
Il est vrai, notre ami. Peut-être que chez vous
Vous trouvez des sujets de craindre pour chez nous ;
Et votre front, je crois, veut que du mariage,
Les cornes soient partout l'infaillible apanage.
CHRYSALDE.
Ce sont coups du hasard, dont on n'est point garant ;
Et bien sot, ce me semble, est le soin qu'on en prend.
Mais quand je crains pour vous, c'est cette raillerie
Dont cent pauvres maris ont souffert la furie :
Car enfin vous savez, qu'il n'est grands, ni petits,
Que de votre critique on ait vus garantis ;

Que vos plus grands plaisirs sont, partout où vous êtes,
De faire cent éclats des intrigues secrètes...

ARNOLPHE.

Fort bien : est-il au monde une autre ville aussi,
Où l'on ait des maris si patients qu'ici ?
Est-ce qu'on n'en voit pas de toutes les espèces,
Qui sont accommodés chez eux de toutes pièces ?
L'un amasse du bien, dont sa femme fait part
À ceux qui prennent soin de le faire cornard.
L'autre un peu plus heureux, mais non pas moins infâme,
Voit faire tous les jours des présents à sa femme,
Et d'aucun soin jaloux n'a l'esprit combattu,
Parce qu'elle lui dit que c'est pour sa vertu.
L'un fait beaucoup de bruit, qui ne lui sert de guères ;
L'autre, en toute douceur, laisse aller les affaires,
Et voyant arriver chez lui le damoiseau,
Prend fort honnêtement ses gants, et son manteau.
L'une de son galant, en adroite femelle,
Fait fausse confidence à son époux fidèle,
Qui dort en sûreté sur un pareil appas,
Et le plaint, ce galant, des soins qu'il ne perd pas.
L'autre, pour se purger de sa magnificence ,
Dit qu'elle gagne au jeu l'argent qu'elle dépense ;
Et le mari benêt, sans songer à quel jeu,
Sur les gains qu'elle fait, rend des grâces à Dieu.
Enfin ce sont partout des sujets de satire,
Et comme spectateur, ne puis-je pas en rire ?
Puis-je pas de nos sots ... ?

CHRYSALDE.   Oui, mais qui rit d'autrui,

Doit craindre, qu'en revanche, on rie aussi de lui.
J'entends parler le monde, et des gens se délassent
À venir débiter les choses qui se passent :
Mais quoi que l'on divulgue aux endroits où je suis,
Jamais on ne m'a vu triompher de ces bruits ;
J'y suis assez modeste ; et bien qu'aux occurrences
Je puisse condamner certaines tolérances ;
Que mon dessein ne soit de souffrir nullement,
Ce que quelques maris souffrent paisiblement,
Pourtant je n'ai jamais affecté de le dire ;
Car enfin il faut craindre un revers de satire,

Et l'on ne doit jamais jurer, sur de tels cas,
De ce qu'on pourra faire, ou bien ne faire pas.
Ainsi quand à mon front, par un sort qui tout mène,
Il serait arrivé quelque disgrâce humaine,
Après mon procédé, je suis presque certain,
Qu'on se contentera de s'en rire sous main ;
Et peut-être qu'encor j'aurai cet avantage,
Que quelques bonnes gens diront, que c'est dommage !
Mais de vous, cher compère, il en est autrement ;
Je vous le dis encor, vous risquez diablement.
Comme sur les maris accusés de souffrance ,
De tout temps votre langue a daubé d'importance,
Qu'on vous a vu contre eux un diable déchaîné ;
Vous devez marcher droit, pour n'être point berné,
Et s'il faut que sur vous on ait la moindre prise,
Gare qu'aux carrefours on ne vous tympanise,
Et...

ARNOLPHE.

       Mon Dieu, notre ami, ne vous tourmentez point ;
Bien huppé qui pourra m'attraper sur ce point ;
Je sais les tours rusés, et les subtiles trames,
Dont pour nous en planter savent user les femmes,
Et comme on est dupé par leurs dextérités ;
Contre cet accident j'ai pris mes sûretés,
Et celle que j'épouse, a toute l'innocence
Qui peut sauver mon front de maligne influence.

CHRYSALDE.

Et que prétendez-vous qu'une sotte en un mot...

ARNOLPHE.

Épouser une sotte, est pour n'être point sot :
Je crois, en bon chrétien, votre moitié fort sage ;
Mais une femme habile est un mauvais présage,
Et je sais ce qu'il coûte à de certaines gens,
Pour avoir pris les leurs avec trop de talents.
Moi j'irais me charger d'une spirituelle,
Qui ne parlerait rien que cercle, et que ruelle ?
Qui de prose, et de vers, ferait de doux écrits,
Et que visiteraient marquis, et beaux esprits,
Tandis que, sous le nom du mari de Madame,
Je serais comme un saint, que pas un ne réclame ?

Non, non, je ne veux point d'un esprit qui soit haut,
Et femme qui compose, en sait plus qu'il ne faut.
Je prétends que la mienne, en clartés peu sublime,
Même ne sache pas ce que c'est qu'une rime ;
Et s'il faut qu'avec elle on joue au corbillon ,
Et qu'on vienne à lui dire, à son tour : « Qu'y met-on ? »
Je veux qu'elle réponde, «Une tarte à la crème» ;
En un mot, qu'elle soit d'une ignorance extrême ;
Et c'est assez pour elle, à vous en bien parler,
De savoir prier Dieu, m'aimer, coudre, et filer.

CHRYSALDE. Une femme stupide est donc votre marotte ?

ARNOLPHE. Tant, que j'aimerais mieux une laide, bien sotte,
Qu'une femme fort belle, avec beaucoup d'esprit.

CHRYSALDE. L'esprit, et la beauté...

ARNOLPHE.   L'honnêteté suffit.

CHRYSALDE.
Mais comment voulez-vous, après tout, qu'une bête
Puisse jamais savoir ce que c'est qu'être honnête ?
Outre qu'il est assez ennuyeux, que je croi,
D'avoir toute sa vie une bête avec soi,
Pensez-vous le bien prendre, et que sur votre idée
La sûreté d'un front puisse être bien fondée ?
Une femme d'esprit peut trahir son devoir ;
Mais il faut, pour le moins, qu'elle ose le vouloir ;
Et la stupide au sien peut manquer d'ordinaire,
Sans en avoir l'envie, et sans penser le faire.

ARNOLPHE. À ce bel argument, à ce discours profond ,
Ce que Pantagruel à Panurge répond.
Pressez-moi de me joindre à femme autre que sotte ;
Prêchez, patrocinez jusqu'à la Pentecôte,
Vous serez ébahi, quand vous serez au bout,
Que vous ne m'aurez rien persuadé du tout .

CHRYSALDE. Je ne vous dis plus mot.

ARNOLPHE.   Chacun a sa méthode.
En femme, comme en tout, je veux suivre ma mode ;
Je me vois riche assez, pour pouvoir, que je croi,
Choisir une moitié, qui tienne tout de moi,
Et de qui la soumise, et pleine dépendance,

N'ait à me reprocher aucun bien, ni naissance.
Un air doux, et posé, parmi d'autres enfans,
M'inspira de l'amour pour elle, dès quatre ans :
Sa mère se trouvant de pauvreté pressée,
De la lui demander il me vint la pensée ,
Et la bonne paysanne, apprenant mon désir,
À s'ôter cette charge eut beaucoup de plaisir.
Dans un petit couvent, loin de toute pratique ,
Je la fis élever, selon ma politique,
C'est-à-dire ordonnant quels soins on emploirait,
Pour la rendre idiote autant qu'il se pourrait.
Dieu merci, le succès a suivi mon attente,
Et grande, je l'ai vue à tel point innocente,
Que j'ai béni le Ciel d'avoir trouvé mon fait,
Pour me faire une femme au gré de mon souhait.
Je l'ai donc retirée ; et comme ma demeure
À cent sortes de monde est ouverte à toute heure,
Je l'ai mise à l'écart, comme il faut tout prévoir,
Dans cette autre maison, où nul ne me vient voir ;
Et pour ne point gâter sa bonté naturelle,
Je n'y tiens que des gens tout aussi simples qu'elle.
Vous me direz «pourquoi cette narration ?»
C'est pour vous rendre instruit de ma précaution.
Le résultat de tout, est qu'en ami fidèle,
Ce soir, je vous invite à souper avec elle :
Je veux que vous puissiez un peu l'examiner,
Et voir, si de mon choix on me doit condamner.

CHRYSALDE. J'y consens.

ARNOLPHE.   Vous pourrez dans cette conférence,
Juger de sa personne, et de son innocence.

CHRYSALDE. Pour cet article-là, ce que vous m'avez dit,
Ne peut...

ARNOLPHE.   La vérité passe encor mon récit.
Dans ses simplicités à tous coups je l'admire,
Et parfois elle en dit, dont je pâme de rire.
L'autre jour (pourrait-on se le persuader)
Elle était fort en peine, et me vint demander,
Avec une innocence à nulle autre pareille,
Si les enfants qu'on fait, se faisaient par l'oreille .

CHRYSALDE. Je me réjouis fort, Seigneur Arnolphe...

ARNOLPHE.   Bon ;
Me voulez-vous toujours appeler de ce nom ?

CHRYSALDE. Ah ! malgré que j'en aie, il me vient à la bouche,
Et jamais je ne songe à Monsieur de la Souche.
Qui diable vous a fait aussi vous aviser,
À quarante et deux ans de vous débaptiser ,
Et d'un vieux tronc pourri de votre métairie,
Vous faire dans le monde un nom de seigneurie ?

ARNOLPHE. Outre que la maison par ce nom se connaît,
La Souche, plus qu'Arnolphe, à mes oreilles plaît.

CHRYSALDE. Quel abus, de quitter le vrai nom de ses pères,
Pour en vouloir prendre un bâti sur des chimères !
De la plupart des gens c'est la démangeaison ;
Et sans vous embrasser dans la comparaison,
Je sais un paysan, qu'on appelait Gros-Pierre,
Qui n'ayant, pour tout bien, qu'un seul quartier de terre,
Y fit tout à l'entour faire un fossé bourbeux,
Et de Monsieur de l'Isle en prit le nom pompeux.

ARNOLPHE. Vous pourriez vous passer d'exemples de la sorte :
Mais enfin de la Souche est le nom que je porte ;
J'y vois de la raison, j'y trouve des appas,
Et m'appeler de l'autre, est ne m'obliger pas.

CHRYSALDE. Cependant la plupart ont peine à s'y soumettre,
Et je vois même encor des adresses de lettre...

ARNOLPHE. Je le souffre aisément de qui n'est pas instruit ;
Mais vous...

CHRYSALDE.   Soit. Là-dessus nous n'aurons point de bruit,
Et je prendrai le soin d'accoutumer ma bouche
À ne plus vous nommer que Monsieur de la Souche.

ARNOLPHE. Adieu ; je frappe ici, pour donner le bonjour,
Et dire seulement, que je suis de retour.

CHRYSALDE, *s'en allant.*
Ma foi je le tiens fou de toutes les manières.

ARNOLPHE. Il est un peu blessé sur certaines matières.
Chose étrange de voir, comme avec passion,
Un chacun est chaussé de son opinion !
Holà !

SCÈNE II

ALAIN, GEORGETTE, ARNOLPHE.

ALAIN. Qui heurte ?

ARNOLPHE.   Ouvrez. On aura, que je pense,
   Grande joie à me voir, après dix jours d'absence.

ALAIN. Qui va là ?

ARNOLPHE.   Moi.

ALAIN.   Georgette ?

GEORGETTE.   Hé bien ?

ALAIN.   Ouvre là-bas.

GEORGETTE. Vas-y, toi.

ALAIN.   Vas-y, toi.

GEORGETTE.   Ma foi, je n'irai pas.

ALAIN. Je n'irai pas aussi.

ARNOLPHE.   Belle cérémonie,
   Pour me laisser dehors. Holà ho je vous prie.

GEORGETTE. Qui frappe ?

ARNOLPHE.   Votre maître.

GEORGETTE.   Alain ?

ALAIN.   Quoi ?

GEORGETTE.   C'est Monsieur,
   Ouvre vite.

ALAIN.   Ouvre, toi.

GEORGETTE.   Je souffle notre feu.

ALAIN. J'empêche, peur du chat, que mon moineau ne sorte.

ARNOLPHE. Quiconque de vous deux n'ouvrira pas la porte,
   N'aura point à manger de plus de quatre jours.
   Ah!

GEORGETTE.   Par quelle raison y venir quand j'y cours.

ALAIN. Pourquoi plutôt que moi ? Le plaisant strodagème !

GEORGETTE. Ôte-toi donc de là.

ALAIN.   Non, ôte-toi, toi-même.

GEORGETTE. Je veux ouvrir la porte.

ALAIN.   Et je veux l'ouvrir, moi.

GEORGETTE. Tu ne l'ouvriras pas.

ALAIN.   Ni toi non plus.

GEORGETTE.   Ni toi.

ARNOLPHE. Il faut que j'aie ici l'âme bien patiente.

ALAIN. Au moins, c'est moi, Monsieur.

GEORGETTE. Je suis votre servante ;
   C'est moi.

ALAIN.   Sans le respect de Monsieur que voilà,
   Je te...

ARNOLPHE, *recevant un coup d'Alain.*
        Peste.

ALAIN.   Pardon.

ARNOLPHE.   Voyez ce lourdaud-là.

ALAIN. C'est elle aussi, Monsieur...

ARNOLPHE.   Que tous deux on se taise.
   Songez à me répondre, et laissons la fadaise.
   Hé bien, Alain, comment se porte-t-on ici ?

ALAIN. Monsieur, nous nous...
   (*Arnolphe ôte par trois fois le chapeau de dessus la tête d'Alain.*)
                    Monsieur, nous nous por...

15

(*Arnolphe l'ôte encore.*)   Dieu merci ;
Nous nous...

ARNOLPHE.   Qui vous apprend, impertinente bête,
À parler devant moi, le chapeau sur la tête ?

ALAIN. Vous faites bien, j'ai tort.

ARNOLPHE, *à Alain.*   Faites descendre Agnès.
(*À Georgette.*)
Lorsque je m'en allai, fut-elle triste après ?

GEORGETTE. Triste ! Non.

ARNOLPHE.   Non !

GEORGETTE.   Si fait.

ARNOLPHE.   Pourquoi donc...

GEORGETTE.   Oui, je meure,
Elle vous croyait voir de retour à toute heure ;
Et nous n'oyions jamais passer devant chez nous,
Cheval, âne, ou mulet, qu'elle ne prît pour vous.

SCÈNE III

AGNÈS, ALAIN, GEORGETTE, ARNOLPHE.

ARNOLPHE. La besogne à la main, c'est un bon témoignage.
   Hé bien, Agnès, je suis de retour du voyage,
   En êtes-vous bien aise ?
AGNÈS.   Oui, Monsieur, Dieu merci.
ARNOLPHE. Et moi de vous revoir, je suis bien aise aussi :
   Vous vous êtes toujours, comme on voit, bien portée ?
AGNÈS. Hors les puces, qui m'ont la nuit inquiétée.
ARNOLPHE.
   Ah ! vous aurez dans peu quelqu'un pour les chasser.
AGNÈS. Vous me ferez plaisir.

ARNOLPHE. Je le puis bien penser.
Que faites-vous donc là ?
AGNÈS. Je me fais des cornettes,
Vos chemises de nuit, et vos coiffes sont faites.
ARNOLPHE. Ha ! voilà qui va bien ; allez, montez là-haut,
Ne vous ennuyez point, je reviendrai tantôt,
Et je vous parlerai d'affaires importantes.
(Tous étant rentrés.)
Héroïnes du temps, Mesdames les savantes,
Pousseuses de tendresse et de beaux sentimens,
Je défie à la fois tous vos vers, vos romans,
Vos lettres, billets doux, toute votre science,
De valoir cette honnête et pudique ignorance.

SCÈNE IV

HORACE, ARNOLPHE.

ARNOLPHE. Ce n'est point par le bien qu'il faut être ébloui ;
Et pourvu que l'honneur soit... Que vois-je ? Est-ce ?... Oui.
Je me trompe. Nenni. Si fait. Non, c'est lui-même.
Hor...
HORACE. Seigneur Ar...
ARNOLPHE. Horace.
HORACE. Arnolphe.
ARNOLPHE. Ah ! joie extrême !
Et depuis quand ici ?
HORACE. Depuis neuf jours.
ARNOLPHE. Vraiment.
HORACE. Je fus d'abord chez vous, mais inutilement.
ARNOLPHE. J'étais à la campagne.
HORACE. Oui, depuis deux journées.
ARNOLPHE. Oh comme les enfants croissent en peu d'années !
J'admire de le voir au point où le voilà,
Après que je l'ai vu pas plus grand que cela.
HORACE. Vous voyez.
ARNOLPHE. Mais, de grâce, Oronte votre père,
Mon bon et cher ami, que j'estime et révère,
Que fait-il ? Que dit-il ? est-il toujours gaillard ?

À tout ce qui le touche il sait que je prends part.
Nous ne nous sommes vus depuis quatre ans ensemble,
Ni, qui plus est, écrit l'un à l'autre, me semble .
HORACE. Il est, Seigneur Arnolphe, encor plus gai que nous,
Et j'avais de sa part une lettre pour vous ;
Mais depuis par une autre il m'apprend sa venue,
Et la raison encor ne m'en est pas connue.
Savez-vous qui peut être un de vos citoyens,
Qui retourne en ces lieux avec beaucoup de biens,
Qu'il s'est en quatorze ans acquis dans l'Amérique ?
ARNOLPHE.
Non : vous a-t-on point dit comme on le nomme ?
HORACE.   Enrique.
ARNOLPHE. Non.
HORACE.   Mon père m'en parle, et qu'il est revenu,
Comme s'il devait m'être entièrement connu,
Et m'écrit qu'en chemin ensemble ils se vont mettre,
Pour un fait important que ne dit point sa lettre .
ARNOLPHE. J'aurai certainement grande joie à le voir,
Et pour le régaler je ferai mon pouvoir.
(Après avoir lu la lettre.)
Il faut pour des amis, des lettres moins civiles ,
Et tous ces compliments sont choses inutiles ;
Sans qu'il prît le souci de m'en écrire rien,
Vous pouvez librement disposer de mon bien.
HORACE. Je suis homme à saisir les gens par leurs paroles,
Et j'ai présentement besoin de cent pistoles.
ARNOLPHE. Ma foi, c'est m'obliger, que d'en user ainsi,
Et je me réjouis de les avoir ici.
Gardez aussi la bourse.
HORACE.   Il faut...
ARNOLPHE.   Laissons ce style.
Hé bien, comment encor trouvez-vous cette ville ?
HORACE. Nombreuse en citoyens, superbe en bâtiments,
Et j'en crois merveilleux les divertissements.
ARNOLPHE. Chacun a ses plaisirs, qu'il se fait à sa guise :
Mais pour ceux que du nom de galans on baptise,
Ils ont en ce pays de quoi se contenter,
Car les femmes y sont faites à coqueter .

On trouve d'humeur douce et la brune, et la blonde,
Et les maris aussi les plus bénins du monde :
C'est un plaisir de prince, et des tours que je voi,
Je me donne souvent la comédie à moi.
Peut-être en avez-vous déjà féru quelqu'une :
Vous est-il point encore arrivé de fortune ?
Les gens faits comme vous, font plus que les écus,
Et vous êtes de taille à faire des cocus.

HORACE. À ne vous rien cacher de la vérité pure,
J'ai d'amour en ces lieux eu certaine aventure,
Et l'amitié m'oblige à vous en faire part.

ARNOLPHE. Bon, voici de nouveau quelque conte gaillard,
Et ce sera de quoi mettre sur mes tablettes.

HORACE.
Mais, de grâce, qu'au moins ces choses soient secrètes.

ARNOLPHE. Oh.

HORACE.   Vous n'ignorez pas qu'en ces occasions
  Un secret éventé rompt nos prétentions.
  Je vous avouerai donc avec pleine franchise,
  Qu'ici d'une beauté mon âme s'est éprise :
  Mes petits soins d'abord ont eu tant de succès,
  Que je me suis chez elle ouvert un doux accès ;
  Et sans trop me vanter, ni lui faire une injure,
  Mes affaires y sont en fort bonne posture.

ARNOLPHE, *riant.*
  Et c'est ?

HORACE, *lui montrant le logis d'Agnès.*
          Un jeune objet qui loge en ce logis,
  Dont vous voyez d'ici que les murs sont rougis,
  Simple à la vérité, par l'erreur sans seconde

D'un homme qui la cache au commerce du monde,
Mais qui dans l'ignorance où l'on veut l'asservir,
Fait briller des attraits capables de ravir,
Un air tout engageant, je ne sais quoi de tendre,
Dont il n'est point de cœur qui se puisse défendre :
Mais, peut-être, il n'est pas que vous n'ayez bien vu
Ce jeune astre d'amour de tant d'attraits pourvu :
C'est Agnès qu'on l'appelle.

ARNOLPHE, *à part.*   Ah ! je crève.

HORACE.   Pour l'homme,
C'est, je crois, de la Zousse, ou Souche, qu'on le nomme,
Je ne me suis pas fort arrêté sur le nom ;
Riche, à ce qu'on m'a dit, mais des plus sensés, non,
Et l'on m'en a parlé comme d'un ridicule.
Le connaissez-vous point ?

ARNOLPHE, *à part.*   La fâcheuse pilule !

HORACE. Eh ! vous ne dites mot.

ARNOLPHE.   Eh oui, je le connois.

HORACE. C'est un fou, n'est-ce pas ?

ARNOLPHE.   Eh...

HORACE.   Qu'en dites-vous ? quoi ?
Eh ? c'est-à-dire oui. Jaloux ? à faire rire.
Sot ? Je vois qu'il en est ce que l'on m'a pu dire.
Enfin l'aimable Agnès a su m'assujettir,
C'est un joli bijou, pour ne vous point mentir,
Et ce serait péché, qu'une beauté si rare
Fût laissée au pouvoir de cet homme bizarre.
Pour moi, tous mes efforts, tous mes vœux les plus doux,
Vont à m'en rendre maître, en dépit du jaloux ;
Et l'argent que de vous j'emprunte avec franchise,
N'est que pour mettre à bout cette juste entreprise.
Vous savez mieux que moi, quels que soient nos efforts,
Que l'argent est la clef de tous les grands ressorts,
Et que ce doux métal qui frappe tant de têtes,
En amour, comme en guerre, avance les conquêtes.
Vous me semblez chagrin ; serait-ce qu'en effet
Vous désapprouveriez le dessein que j'ai fait ?

ARNOLPHE. Non, c'est que je songeais...

HORACE.   Cet entretien vous lasse ;
    Adieu, j'irai chez vous tantôt vous rendre grâce.
ARNOLPHE. Ah ! faut-il...
HORACE, *revenant.*   Derechef, veuillez être discret,
    Et n'allez pas, de grâce, éventer mon secret.
ARNOLPHE. Que je sens dans mon âme...
HORACE, *revenant.*   Et surtout à mon père,
    Qui s'en ferait peut-être un sujet de colère.
ARNOLPHE, *croyant qu'il revient encore.*
    Oh... Oh que j'ai souffert durant cet entretien !
    Jamais trouble d'esprit ne fut égal au mien.
    Avec quelle imprudence, et quelle hâte extrême,
    Il m'est venu conter cette affaire à moi-même !
    Bien que mon autre nom le tienne dans l'erreur,
    Étourdi montra-t-il jamais tant de fureur ?
    Mais ayant tant souffert, je devais me contraindre ,
    Jusques à m'éclaircir de ce que je dois craindre,
    À pousser jusqu'au bout son caquet indiscret,
    Et savoir pleinement leur commerce secret.
    Tâchons à le rejoindre , il n'est pas loin je pense,
    Tirons-en de ce fait l'entière confidence ;
    Je tremble du malheur qui m'en peut arriver,
    Et l'on cherche souvent plus qu'on ne veut trouver.

ACTE II

SCÈNE PREMIÈRE

ARNOLPHE.

Il m'est, lorsque j'y pense, avantageux sans doute
D'avoir perdu mes pas, et pu manquer sa route :
Car enfin, de mon cœur le trouble impérieux
N'eût pu se renfermer tout entier à ses yeux,
Il eût fait éclater l'ennui qui me dévore,
Et je ne voudrais pas qu'il sût ce qu'il ignore.
Mais je ne suis pas homme à gober le morceau,
Et laisser un champ libre aux vœux du damoiseau ;
J'en veux rompre le cours, et sans tarder, apprendre
Jusqu'où l'intelligence entre eux a pu s'étendre :
J'y prends, pour mon honneur, un notable intérêt,
Je la regarde en femme, aux termes qu'elle en est,
Elle n'a pu faillir, sans me couvrir de honte,
Et tout ce qu'elle a fait, enfin est sur mon compte .
Éloignement fatal ! Voyage malheureux !
(Frappant à la porte.)

SCÈNE II

ALAIN, GEORGETTE, ARNOLPHE.

ALAIN. Ah ! Monsieur, cette fois...

ARNOLPHE.   Paix. Venez çà tous deux :
Passez là, passez là. Venez là, venez dis-je.

GEORGETTE. Ah ! vous me faites peur, et tout mon sang se
fige.

ARNOLPHE. C'est donc ainsi, qu'absent, vous m'avez obéi,
Et tous deux, de concert, vous m'avez donc trahi ?

GEORGETTE.
Eh ne me mangez pas, Monsieur, je vous conjure.

ALAIN, *à part.* Quelque chien enragé l'a mordu, je m'assure.

ARNOLPHE. Ouf. Je ne puis parler, tant je suis prévenu ,
Je suffoque, et voudrais me pouvoir mettre nu.
Vous avez donc souffert, ô canaille maudite,

Qu'un homme soit venu... Tu veux prendre la fuite ?
Il faut que sur-le-champ... Si tu bouges... Je veux
Que vous me disiez... Euh ? Oui, je veux que tous deux...
Quiconque remûra, par la mort, je l'assomme.
Comme est-ce que chez moi s'est introduit cet homme ?
Eh ? parlez, dépêchez, vite, promptement, tôt,
Sans rêver, veut-on dire ?

ALAIN ET GEORGETTE. Ah, Ah.

GEORGETTE.   Le cœur me faut.

ALAIN. Je meurs.

ARNOLPHE.   Je suis en eau, prenons un peu d'haleine,
Il faut que je m'évente, et que je me promène.
Aurais-je deviné, quand je l'ai vu petit,
Qu'il croîtrait pour cela ? Ciel que mon cœur pâtit !
Je pense qu'il vaut mieux que de sa propre bouche
Je tire avec douceur l'affaire qui me touche :
Tâchons de modérer notre ressentiment.
Patience, mon cœur, doucement, doucement,
Levez-vous, et rentrant, faites qu'Agnès descende.
Arrêtez. Sa surprise en deviendrait moins grande,
Du chagrin qui me trouble, ils iraient l'avertir ;
Et moi-même je veux l'aller faire sortir.
Que l'on m'attende ici.

SCÈNE III

ALAIN, GEORGETTE.

GEORGETTE.   Mon Dieu, qu'il est terrible !
Ses regards m'ont fait peur, mais une peur horrible,
Et jamais je ne vis un plus hideux chrétien.

ALAIN. Ce Monsieur l'a fâché, je te le disais bien.

GEORGETTE.
Mais que diantre est-ce là, qu'avec tant de rudesse
Il nous fait au logis garder notre maîtresse ?
D'où vient qu'à tout le monde il veut tant la cacher,
Et qu'il ne saurait voir personne en approcher ?

ALAIN. C'est que cette action le met en jalousie.

GEORGETTE. Mais d'où vient qu'il est pris de cette fantaisie ?

ALAIN. Cela vient... Cela vient, de ce qu'il est jaloux.

GEORGETTE.
Oui : mais pourquoi l'est-il ? et pourquoi ce courroux ?

ALAIN. C'est que la jalousie... Entends-tu bien, Georgette,
Est une chose... là... qui fait qu'on s'inquiète...
Et qui chasse les gens d'autour d'une maison.
Je m'en vais te bailler une comparaison,
Afin de concevoir la chose davantage.
Dis-moi, n'est-il pas vrai, quand tu tiens ton potage,
Que si quelque affamé venait pour en manger,
Tu serais en colère, et voudrais le charger ?

GEORGETTE. Oui, je comprends cela.

ALAIN.   C'est justement tout comme.
La femme est en effet le potage de l'homme ;
Et quand un homme voit d'autres hommes parfois,
Qui veulent dans sa soupe aller tremper leurs doigts,
Il en montre aussitôt une colère extrême.

GEORGETTE.
Oui : mais pourquoi chacun n'en fait-il pas de même ?
Et que nous en voyons qui paraissent joyeux,
Lorsque leurs femmes sont avec les biaux monsieux ?

ALAIN. C'est que chacun n'a pas cette amitié goulue,
Qui n'en veut que pour soi.

GEORGETTE.   Si je n'ai la berlue,
Je le vois qui revient.

ALAIN.   Tes yeux sont bons, c'est lui.

GEORGETTE. Vois comme il est chagrin.

ALAIN.   C'est qu'il a de l'ennui.

SCÈNE IV

ARNOLPHE, AGNÈS, ALAIN, GEORGETTE.

ARNOLPHE. Un certain Grec disait à l'empereur Auguste,
Comme une instruction utile, autant que juste,
Que lorsqu'une aventure en colère nous met,
Nous devons avant tout ; dire notre alphabet.
Afin que dans ce temps la bile se tempère,
Et qu'on ne fasse rien que l'on ne doive faire.

J'ai suivi sa leçon sur le sujet d'Agnès ;
Et je la fais venir en ce lieu tout exprès,
Sous prétexte d'y faire un tour de promenade ;
Afin que les soupçons de mon esprit malade
Puissent sur le discours la mettre adroitement :
Et lui sondant le cœur s'éclaircir doucement.
Venez, Agnès. Rentrez.

SCÈNE V

ARNOLPHE, AGNÈS.

ARNOLPHE. La promenade est belle.

AGNÈS. Fort belle.

ARNOLPHE. Le beau jour !

AGNÈS. Fort beau !

ARNOLPHE. Quelle nouvelle ?

AGNÈS. Le petit chat est mort.

ARNOLPHE. C'est dommage : mais quoi.
Nous sommes tous mortels, et chacun est pour soi.
Lorsque j'étais aux champs n'a-t-il point fait de pluie ?

AGNÈS. Non.

ARNOLPHE. Vous ennuyait-il ?

AGNÈS. Jamais je ne m'ennuie.

ARNOLPHE. Qu'avez-vous fait encor ces neuf ou dix jours-ci ?

AGNÈS. Six chemises, je pense, et six coiffes aussi.

ARNOLPHE, *ayant un peu rêvé.*
Le monde, chère Agnès, est une étrange chose.
Voyez la médisance, et comme chacun cause.
Quelques voisins m'ont dit qu'un jeune homme inconnu :
Était en mon absence à la maison venu ;
Que vous aviez souffert sa vue et ses harangues.
Mais je n'ai point pris foi sur ces méchantes langues ;
Et j'ai voulu gager que c'était faussement...

AGNÈS. Mon Dieu, ne gagez pas, vous perdriez vraiment.

ARNOLPHE. Quoi ! c'est la vérité qu'un homme...

AGNÈS. Chose sûre.
Il n'a presque bougé de chez nous, je vous jure.

ARNOLPHE, *à part.* Cet aveu qu'elle fait avec sincérité,
Me marque pour le moins son ingénuité.
(Haut.) Mais il me semble, Agnès, si ma mémoire est bonne,
Que j'avais défendu que vous vissiez personne.

AGNÈS. Oui : mais quand je l'ai vu, vous ignorez pourquoi ,
Et vous en auriez fait, sans doute, autant que moi.

ARNOLPHE. Peut-être : mais enfin, contez-moi cette histoire.

AGNÈS. Elle est fort étonnante et difficile à croire.
J'étais sur le balcon à travailler au frais :
Lorsque je vis passer sous les arbres d'auprès
Un jeune homme bien fait, qui rencontrant ma vue,
D'une humble révérence aussitôt me salue.
Moi, pour ne point manquer à la civilité,
Je fis la révérence aussi de mon côté.
Soudain, il me refait une autre révérence.
Moi, j'en refais de même une autre en diligence ;
Et lui d'une troisième aussitôt repartant,
D'une troisième aussi j'y repars à l'instant.
Il passe, vient, repasse, et toujours de plus belle
Me fait à chaque fois révérence nouvelle.
Et moi, qui tous ces tours fixement regardais.
Nouvelle révérence aussi je lui rendais.
Tant, que si sur ce point la nuit ne fût venue,
Toujours comme cela je me serais tenue.
Ne voulant point céder et recevoir l'ennui ,
Qu'il me pût estimer moins civile que lui.

ARNOLPHE. Fort bien.

AGNÈS.   Le lendemain étant sur notre porte,
Une vieille m'aborde en parlant de la sorte.
« Mon enfant , le bon Dieu puisse-t-il vous bénir,
Et dans tous vos attraits longtemps vous maintenir.
Il ne vous a pas faite une belle personne ;
Afin de mal user des choses qu'il vous donne.
Et vous devez savoir que vous avez blessé
Un cœur, qui de s'en plaindre est aujourd'hui forcé. »

ARNOLPHE, *à part.* Ah suppôt de Satan, exécrable damnée.

AGNÈS. « Moi, j'ai blessé quelqu'un ? fis-je toute étonnée.
Oui, dit-elle, blessé, mais blessé tout de bon ;
Et c'est l'homme qu'hier vous vîtes du balcon.

Hélas ! qui pourrait, dis-je, en avoir été cause ?
Sur lui, sans y penser, fis-je choir quelque chose ?
Non, dit-elle, vos yeux ont fait ce coup fatal,
Et c'est de leurs regards qu'est venu tout son mal.
Hé, mon Dieu ! ma surprise est, fis-je, sans seconde.
Mes yeux ont-ils du mal pour en donner au monde ?
Oui, fit-elle, vos yeux, pour causer le trépas
Ma fille, ont un venin que vous ne savez pas.
En un mot, il languit le pauvre misérable.
Et s'il faut, poursuivit la vieille charitable,
Que votre cruauté lui refuse un secours,
C'est un homme à porter en terre dans deux jours.
Mon Dieu ! j'en aurais, dis-je, une douleur bien grande,
Mais pour le secourir, qu'est-ce qu'il me demande ?
Mon enfant, me dit-elle, il ne veut obtenir,
Que le bien de vous voir et vous entretenir.
Vos yeux peuvent eux seuls empêcher sa ruine,
Et du mal qu'ils ont fait être la médecine.
Hélas ! volontiers, dis-je, et puisqu'il est ainsi,
Il peut tant qu'il voudra me venir voir ici. »

ARNOLPHE, *à part.*

Ah sorcière maudite, empoisonneuse d'âmes,
Puisse l'enfer payer tes charitables trames.

AGNÈS. Voilà comme il me vit et reçut guérison.

Vous-même, à votre avis, n'ai-je pas eu raison ?
Et pouvais-je après tout avoir la conscience
De le laisser mourir faute d'une assistance ?
Moi qui compatis tant aux gens qu'on fait souffrir,
Et ne puis sans pleurer voir un poulet mourir.

ARNOLPHE, *bas.*

Tout cela n'est parti que d'une âme innocente :
Et j'en dois accuser mon absence imprudente,
Qui sans guide a laissé cette bonté de mœurs,
Exposée aux aguets des rusés séducteurs.
Je crains que le pendard, dans ses vœux téméraires,
Un peu plus fort que jeu n'ait poussé les affaires.

AGNÈS.

Qu'avez-vous ? vous grondez, ce me semble, un petit.
Est-ce que c'est mal fait ce que je vous ai dit ?

ARNOLPHE. Non. Mais de cette vue apprenez-moi les suites,
Et comme le jeune homme a passé ses visites.

AGNÈS. Hélas ! si vous saviez, comme il était ravi,
Comme il perdit son mal, sitôt que je le vi ;
Le présent qu'il m'a fait d'une belle cassette,
Et l'argent qu'en ont eu notre Alain et Georgette.
Vous l'aimeriez sans doute, et diriez comme nous...

ARNOLPHE. Oui ; mais que faisait-il étant seul avec vous ?

AGNÈS. Il jurait qu'il m'aimait d'une amour sans seconde :
Et me disait des mots les plus gentils du monde :
Des choses que jamais rien ne peut égaler.
Et dont, toutes les fois que je l'entends parler,
La douceur me chatouille, et là-dedans remue
Certain je ne sais quoi, dont je suis toute émue.

ARNOLPHE, *à part.*
Ô fâcheux examen d'un mystère fatal,
Où l'examinateur souffre seul tout le mal !
(À Agnès.)
Outre tous ces discours, toutes ces gentillesses,
Ne vous faisait-il point aussi quelques caresses ?

AGNÈS. Oh tant ; il me prenait et les mains et les bras,
Et de me les baiser il n'était jamais las.

ARNOLPHE.
Ne vous a-t-il point pris, Agnès, quelque autre chose ?
(La voyant interdite.)
Ouf.

AGNÈS. Hé, il m'a...

ARNOLPHE.   Quoi ?

AGNÈS.   Pris...

ARNOLPHE.   Euh !

AGNÈS.   Le...

ARNOLPHE.   Plaît-il ?

AGNÈS.   Je n'ose,
Et vous vous fâcherez peut-être contre moi.

ARNOLPHE. Non.

AGNÈS.   Si fait.

ARNOLPHE.   Mon Dieu ! non.

AGNÈS.   Jurez donc votre foi.

ARNOLPHE. Ma foi, soit.

AGNÈS.   Il m'a pris... vous serez en colère.

ARNOLPHE. Non.

AGNÈS.   Si.

ARNOLPHE.

             Non, non, non, non ! Diantre ! que de mystère !
Qu'est-ce qu'il vous a pris ?

AGNÈS.   Il...

ARNOLPHE, *à part.*   Je souffre en damné.

AGNÈS. Il m'a pris le ruban que vous m'aviez donné,
  À vous dire le vrai, je n'ai pu m'en défendre.

ARNOLPHE, *reprenant haleine.*
  Passe pour le ruban. Mais je voulais apprendre,
  S'il ne vous a rien fait que vous baiser les bras.

AGNÈS. Comment. Est-ce qu'on fait d'autres choses ?

ARNOLPHE.   Non pas.
  Mais pour guérir du mal qu'il dit qui le possède,
  N'a-t-il point exigé de vous d'autre remède ?

AGNÈS. Non. Vous pouvez juger s'il en eût demandé,
  Que pour le secourir j'aurais tout accordé.

ARNOLPHE.
  Grâce aux bontés du Ciel, j'en suis quitte à bon compte.
  Si j'y retombe plus je veux bien qu'on m'affronte .
  Chut. De votre innocence, Agnès, c'est un effet,
  Je ne vous en dis mot, ce qui s'est fait est fait.
  Je sais qu'en vous flattant le galant ne désire
  Que de vous abuser, et puis après s'en rire.

AGNÈS. Oh ! point. Il me l'a dit plus de vingt fois à moi.

ARNOLPHE. Ah ! vous ne savez pas ce que c'est que sa foi.
  Mais enfin : apprenez qu'accepter des cassettes,
  Et de ces beaux blondins écouter les sornettes :
  Que se laisser par eux à force de langueur
  Baiser ainsi les mains, et chatouiller le cœur :
  Est un péché mortel des plus gros qu'il se fasse.

AGNÈS. Un péché, dites-vous, et la raison de grâce ?

ARNOLPHE. La raison ? La raison, est l'arrêt prononcé,
  Que par ces actions le Ciel est courroucé.

AGNÈS. Courroucé. Mais pourquoi faut-il qu'il s'en courrouce ?
  C'est une chose, hélas ! si plaisante et si douce.

J'admire quelle joie on goûte à tout cela.

Et je ne savais point encor ces choses-là.

ARNOLPHE.

Oui. C'est un grand plaisir que toutes ces tendresses,

Ces propos si gentils, et ces douces caresses ;

Mais il faut le goûter en toute honnêteté,

Et qu'en se mariant le crime en soit ôté.

AGNÈS. N'est-ce plus un péché lorsque l'on se marie ?

ARNOLPHE. Non.

AGNÈS.   Mariez-moi donc promptement, je vous prie.

ARNOLPHE. Si vous le souhaitez, je le souhaite aussi,

Et pour vous marier on me revoit ici.

AGNÈS. Est-il possible ?

ARNOLPHE.   Oui.

AGNÈS.   Que vous me ferez aise !

ARNOLPHE.

Oui, je ne doute point que l'hymen ne vous plaise.

AGNÈS. Vous nous voulez, nous deux...

ARNOLPHE.   Rien de plus assuré.

AGNÈS. Que si cela se fait, je vous caresserai !

ARNOLPHE. Hé, la chose sera de ma part réciproque.

AGNÈS. Je ne reconnais point, pour moi, quand on se moque.

Parlez-vous tout de bon ?

ARNOLPHE.   Oui, vous le pourrez voir.

AGNÈS. Nous serons mariés ?

ARNOLPHE.   Oui.

AGNÈS.   Mais quand ?

ARNOLPHE.   Dès ce soir.

AGNÈS, *riant.*. Dès ce soir ?

ARNOLPHE.   Dès ce soir. Cela vous fait donc rire ?

AGNÈS. Oui.

ARNOLPHE.   Vous voir bien contente, est ce que je désire.

AGNÈS. Hélas ! que je vous ai grande obligation !

Et qu'avec lui j'aurai de satisfaction !

ARNOLPHE. Avec qui ?

AGNÈS.   Avec... là.

ARNOLPHE.   Là... là n'est pas mon compte.

À choisir un mari, vous êtes un peu prompte.

C'est un autre en un mot que je vous tiens tout prêt,

Et quant au monsieur, là, je prétends, s'il vous plaît,

Dût le mettre au tombeau le mal dont il vous berce,

Qu'avec lui désormais vous rompiez tout commerce ;

Que venant au logis pour votre compliment

Vous lui fermiez au nez la porte honnêtement,

Et lui jetant, s'il heurte, un grès par la fenêtre,

L'obligiez tout de bon à ne plus y paraître.

M'entendez-vous, Agnès ? Moi, caché dans un coin,

De votre procédé je serai le témoin.

AGNÈS. Las ! il est si bien fait. C'est...

ARNOLPHE.   Ah que de langage !

AGNÈS. Je n'aurai pas le cœur...

ARNOLPHE.   Point de bruit davantage,
  Montez là-haut.
AGNÈS.   Mais quoi, voulez-vous...
ARNOLPHE.   C'est assez.
  Je suis maître, je parle, allez, obéissez.

ACTE III

SCÈNE PREMIÈRE

ARNOLPHE, AGNÈS, ALAIN, GEORGETTE.

ARNOLPHE. Oui : tout a bien été, ma joie est sans pareille.
    Vous avez là suivi mes ordres à merveille :
    Confondu de tout point le blondin séducteur ;
    Et voilà de quoi sert un sage directeur.
    Votre innocence, Agnès, avait été surprise,
    Voyez, sans y penser où vous vous étiez mise.
    Vous enfiliez tout droit, sans mon instruction,
    Le grand chemin d'enfer et de perdition.
    De tous ces damoiseaux on sait trop les coutumes.
    Ils ont de beaux canons, force rubans, et plumes,
    Grands cheveux, belles dents, et des propos fort doux :
    Mais comme je vous dis la griffe est là-dessous.
    Et ce sont vrais satans, dont la gueule altérée
    De l'honneur féminin cherche à faire curée .
    Mais encore une fois, grâce au soin apporté,
    Vous en êtes sortie avec honnêteté.
    L'air dont je vous ai vu lui jeter cette pierre,
    Qui de tous ses desseins a mis l'espoir par terre,
    Me confirme encor mieux à ne point différer
    Les noces, où je dis qu'il vous faut préparer.
    Mais avant toute chose il est bon de vous faire
    Quelque petit discours, qui vous soit salutaire.
    Un siège au frais ici. Vous, si jamais en rien...

GEORGETTE.
De toutes vos leçons nous nous souviendrons bien.
Cet autre monsieur-là nous en faisait accroire.
Mais...

ALAIN.   S'il entre jamais, je veux jamais ne boire.
Aussi bien est-ce un sot, il nous a l'autre fois
Donné deux écus d'or qui n'étaient pas de poids.

ARNOLPHE. Ayez donc pour souper tout ce que je désire,
Et pour notre contrat, comme je viens de dire,
Faites venir ici l'un ou l'autre au retour,
Le notaire qui loge au coin de ce carfour.

SCÈNE II

ARNOLPHE, AGNÈS.

ARNOLPHE, *assis.*
Agnès, pour m'écouter, laissez là votre ouvrage.
Levez un peu la tête, et tournez le visage.
Là, regardez-moi là, durant cet entretien :
Et jusqu'au moindre mot imprimez-le-vous bien.
Je vous épouse, Agnès, et cent fois la journée
Vous devez bénir l'heur de votre destinée :
Contempler la bassesse où vous avez été,
Et dans le même temps admirer ma bonté,
Qui de ce vil état de pauvre villageoise,
Vous fait monter au rang d'honorable bourgeoise :
Et jouir de la couche et des embrassements,
D'un homme qui fuyait tous ces engagements ;
Et dont à vingt partis fort capables de plaire,
Le cœur a refusé l'honneur qu'il vous veut faire.
Vous devez toujours, dis-je, avoir devant les yeux
Le peu que vous étiez sans ce nœud glorieux ;
Afin que cet objet d'autant mieux vous instruise,
À mériter l'état où je vous aurai mise ;
À toujours vous connaître, et faire qu'à jamais
Je puisse me louer de l'acte que je fais.
Le mariage, Agnès, n'est pas un badinage.
À d'austères devoirs le rang de femme engage :
Et vous n'y montez pas, à ce que je prétends,

Pour être libertine et prendre du bon temps.
Votre sexe n'est là que pour la dépendance.
Du côté de la barbe est la toute-puissance.
Bien qu'on soit deux moitiés de la société,
Ces deux moitiés pourtant n'ont point d'égalité :
L'une est moitié suprême, et l'autre subalterne :
L'une en tout est soumise à l'autre qui gouverne.
Et ce que le soldat dans son devoir instruit
Montre d'obéissance au chef qui le conduit,
Le valet à son maître, un enfant à son père,
À son supérieur le moindre petit frère,
N'approche point encor de la docilité,
Et de l'obéissance, et de l'humilité,
Et du profond respect, où la femme doit être
Pour son mari, son chef, son seigneur, et son maître.
Lorsqu'il jette sur elle un regard sérieux,
Son devoir aussitôt est de baisser les yeux ;

Et de n'oser jamais le regarder en face
Que quand d'un doux regard il lui veut faire grâce,
C'est ce qu'entendent mal les femmes d'aujourd'hui :
Mais ne vous gâtez pas sur l'exemple d'autrui.
Gardez-vous d'imiter ces coquettes vilaines,
Dont par toute la ville on chante les fredaines :
Et de vous laisser prendre aux assauts du malin,
C'est-à-dire, d'ouïr aucun jeune blondin.
Songez qu'en vous faisant moitié de ma personne ;
C'est mon honneur, Agnès, que je vous abandonne :
Que cet honneur est tendre, et se blesse de peu ;
Que sur un tel sujet il ne faut point de jeu :
Et qu'il est aux enfers des chaudières bouillantes,
Où l'on plonge à jamais les femmes mal vivantes.
Ce que je vous dis là ne sont pas des chansons :
Et vous devez du cœur dévorer ces leçons.
Si votre âme les suit et fuit d'être coquette,
Elle sera toujours comme un lis blanche et nette :
Mais s'il faut qu'à l'honneur elle fasse un faux bond,
Elle deviendra lors noire comme un charbon.
Vous paraîtrez à tous un objet effroyable,
Et vous irez un jour, vrai partage du diable,
Bouillir dans les enfers à toute éternité :
Dont vous veuille garder la céleste bonté.
Faites la révérence. Ainsi qu'une novice
Par cœur dans le couvent doit savoir son office ,
Entrant au mariage il en faut faire autant :
Et voici dans ma poche un écrit important
Qui vous enseignera l'office de la femme.
J'en ignore l'auteur : mais c'est quelque bonne âme.
Et je veux que ce soit votre unique entretien.
(Il se lève.)
Tenez : voyons un peu si vous le lirez bien.

AGNÈS *lit.*

« Les maximes du mariage
Ou les devoirs de la femme mariée,
Avec son exercice journalier.

PREMIÈRE MAXIME.

Celle qu'un lien honnête,
Fait entrer au lit d'autrui :
Doit se mettre dans la tête,
Malgré le train d'aujourd'hui,
Que l'homme qui la prend, ne la prend que pour lui. »

ARNOLPHE. Je vous expliquerai ce que cela veut dire.

Mais pour l'heure présente il ne faut rien que lire.

AGNÈS *poursuit.*

« DEUXIÈME MAXIME.

Elle ne se doit parer,
Qu'autant que peut désirer
Le mari qui la possède.
C'est lui que touche seul le soin de sa beauté ;
Et pour rien doit être compté :
Que les autres la trouvent laide.

TROISIÈME MAXIME.

Loin, ces études d'œillades,
Ces eaux, ces blancs, ces pommades,
Et mille ingrédients qui font des teints fleuris.
À l'honneur tous les jours ce sont drogues mortelles.
Et les soins de paraître belles
Se prennent peu pour les maris.

QUARTIÈME MAXIME.

Sous sa coiffe en sortant, comme l'honneur l'ordonne,
Il faut que de ses yeux elle étouffe les coups
Car pour bien plaire à son époux,
Elle ne doit plaire à personne.

CINQUIÈME MAXIME.

Hors ceux, dont au mari la visite se rend,
La bonne règle défend
De recevoir aucune âme.
Ceux qui de galante humeur,
N'ont affaire qu'à Madame,
N'accommodent pas Monsieur.

SIXIÈME MAXIME.

Il faut des présents des hommes
Qu'elle se défende bien.
Car dans le siècle où nous sommes
On ne donne rien pour rien.

SEPTIÈME MAXIME.

Dans ses meubles, dût-elle en avoir de l'ennui,
Il ne faut écritoire, encre, papier ni plumes.
Le mari doit, dans les bonnes coutumes,
Écrire tout ce qui s'écrit chez lui.

HUITIÈME MAXIME.

Ces sociétés déréglées,
Qu'on nomme belles assemblées,
Des femmes tous les jours corrompent les esprits.
En bonne politique on les doit interdire ;
Car c'est là que l'on conspire
Contre les pauvres maris.

NEUVIÈME MAXIME.

Toute femme qui veut à l'honneur se vouer,
Doit se défendre de jouer,
Comme d'une chose funeste.
Car le jeu fort décevant
Pousse une femme souvent,
À jouer de tout son reste.

DIXIÈME MAXIME.

Des promenades du temps,
Ou repas qu'on donne aux champs
Il ne faut point qu'elle essaye.
Selon les prudents cerveaux,
Le mari dans ces cadeaux
Est toujours celui qui paye.

ONZIÈME MAXIME... »

ARNOLPHE. Vous achèverez seule, et pas à pas tantôt
Je vous expliquerai ces choses comme il faut.
Je me suis souvenu d'une petite affaire.
Je n'ai qu'un mot à dire, et ne tarderai guère.
Rentrez et conservez ce livre chèrement.
Si le notaire vient, qu'il m'attende un moment.

SCÈNE III

ARNOLPHE. Je ne puis faire mieux que d'en faire ma femme.
Ainsi que je voudrai, je tournerai cette âme.
Comme un morceau de cire entre mes mains elle est,
Et je lui puis donner la forme qui me plaît.
Il s'en est peu fallu que, durant mon absence,
On ne m'ait attrapé par son trop d'innocence.
Mais il vaut beaucoup mieux, à dire vérité,
Que la femme qu'on a pèche de ce côté.
De ces sortes d'erreurs le remède est facile,
Toute personne simple aux leçons est docile :
Et si du bon chemin on l'a fait écarter
Deux mots incontinent l'y peuvent rejeter.
Mais une femme habile est bien une autre bête.
Notre sort ne dépend que de sa seule tête :
De ce qu'elle s'y met, rien ne la fait gauchir,
Et nos enseignements ne font là que blanchir.
Son bel esprit lui sert à railler nos maximes,
À se faire souvent des vertus de ses crimes :
Et trouver, pour venir à ses coupables fins,
Des détours à duper l'adresse des plus fins.
Pour se parer du coup en vain on se fatigue,
Une femme d'esprit est un diable en intrigue :
Et dès que son caprice a prononcé tout bas
L'arrêt de notre honneur, il faut passer le pas.
Beaucoup d'honnêtes gens en pourraient bien que dire.
Enfin mon étourdi n'aura pas lieu d'en rire.
Par son trop de caquet il a ce qu'il lui faut.
Voilà de nos Français l'ordinaire défaut.
Dans la possession d'une bonne fortune,
Le secret est toujours ce qui les importune ;
Et la vanité sotte a pour eux tant d'appas,
Qu'ils se pendraient plutôt que de ne causer pas.
Oh que les femmes sont du diable bien tentées,
Lorsqu'elles vont choisir ces têtes éventées,
Et que... Mais le voici : cachons-nous toujours bien,
Et découvrons un peu quel chagrin est le sien.

SCÈNE IV

HORACE, ARNOLPHE.

HORACE. Je reviens de chez vous, et le destin me montre
    Qu'il n'a pas résolu que je vous y rencontre.
    Mais j'irai tant de fois qu'enfin quelque moment...
ARNOLPHE.
    Hé mon Dieu ! n'entrons point dans ce vain compliment.
    Rien ne me fâche tant que ces cérémonies,
    Et si l'on m'en croyait, elles seraient bannies.
    C'est un maudit usage, et la plupart des gens
    Y perdent sottement les deux tiers de leur temps.
    Mettons donc sans façons. Hé bien. Vos amourettes.
    Puis-je, Seigneur Horace, apprendre où vous en êtes ?
    J'étais tantôt distrait par quelque vision :
    Mais depuis là-dessus j'ai fait réflexion.
    De vos premiers progrès j'admire la vitesse,
    Et dans l'événement mon âme s'intéresse.
HORACE. Ma foi, depuis qu'à vous s'est découvert mon cœur,
    Il est à mon amour arrivé du malheur.
ARNOLPHE. Oh, oh ! comment cela ?
HORACE.   La fortune cruelle,
    A ramené des champs le patron de la belle.
ARNOLPHE. Quel malheur !
HORACE.   Et de plus, à mon très grand regret,
    Il a su de nous deux le commerce secret.
ARNOLPHE. D'où diantre a-t-il sitôt appris cette aventure ?
HORACE. Je ne sais. Mais enfin c'est une chose sûre.
    Je pensais aller rendre, à mon heure à peu près,
    Ma petite visite à ses jeunes attraits,
    Lorsque changeant pour moi de ton et de visage,
    Et servante et valet m'ont bouché le passage,
    Et d'un : « Retirez-vous, vous nous importunez «,
    M'ont assez rudement fermé la porte au nez.
ARNOLPHE. La porte au nez !
HORACE.   Au nez.
ARNOLPHE.   La chose est un peu forte.

HORACE. J'ai voulu leur parler au travers de la porte :
  Mais à tous mes propos ce qu'ils ont répondu
  C'est, « Vous n'entrerez point, Monsieur l'a défendu. «
ARNOLPHE.
  Ils n'ont donc point ouvert ?
HORACE.   Non. Et de la fenêtre.
  Agnès m'a confirmé le retour de ce maître ;
  En me chassant de là d'un ton plein de fierté,
  Accompagné d'un grès que sa main a jeté.
ARNOLPHE. Comment d'un grès ?
HORACE.   D'un grès de taille non petite,
  Dont on a par ses mains régalé ma visite.
ARNOLPHE. Diantre ! ce ne sont pas des prunes que cela ;
  Et je trouve fâcheux l'état où vous voilà.
HORACE. Il est vrai, je suis mal par ce retour funeste.
ARNOLPHE. Certes j'en suis fâché pour vous, je vous proteste.
HORACE. Cet homme me rompt tout.
ARNOLPHE.   Oui, mais cela n'est rien,
  Et de vous raccrocher vous trouverez moyen.
HORACE. Il faut bien essayer, par quelque intelligence
  De vaincre du jaloux l'exacte vigilance.
ARNOLPHE. Cela vous est facile, et la fille, après tout
  Vous aime.
HORACE.   Assurément.
ARNOLPHE.   Vous en viendrez à bout.
HORACE. Je l'espère.
ARNOLPHE.   Le grès vous a mis en déroute,
  Mais cela ne doit pas vous étonner.
HORACE.   Sans doute,
  Et j'ai compris d'abord que mon homme était là,
  Qui sans se faire voir conduisait tout cela :
  Mais ce qui m'a surpris et qui va vous surprendre,
  C'est un autre incident que vous allez entendre,
  Un trait hardi qu'a fait cette jeune beauté,
  Et qu'on n'attendrait point de sa simplicité ;
  Il le faut avouer, l'amour est un grand maître,
  Ce qu'on ne fut jamais il nous enseigne à l'être,
  Et souvent de nos mœurs l'absolu changement
  Devient par ses leçons l'ouvrage d'un moment.

De la nature en nous il force les obstacles,
Et ses effets soudains ont de l'air des miracles,
D'un avare à l'instant il fait un libéral :
Un vaillant d'un poltron, un civil d'un brutal.
Il rend agile à tout l'âme la plus pesante,
Et donne de l'esprit à la plus innocente :
Oui, ce dernier miracle éclate dans Agnès,
Car tranchant avec moi par ces termes exprès,
«Retirez-vous, mon âme aux visites renonce,
Je sais tous vos discours : et voilà ma réponse,»
Cette pierre ou ce grès dont vous vous étonniez,
Avec un mot de lettre est tombée à mes pieds,
Et j'admire de voir cette lettre ajustée,
Avec le sens des mots ; et la pierre jetée ;
D'une telle action n'êtes-vous pas surpris ?
L'amour sait-il pas l'art d'aiguiser les esprits ?
Et peut-on me nier que ses flammes puissantes,
Ne fassent dans un cœur des choses étonnantes ?
Que dites-vous du tour, et de ce mot d'écrit ?
Euh ! n'admirez-vous point cette adresse d'esprit ?
Trouvez-vous pas plaisant de voir quel personnage
A joué mon jaloux dans tout ce badinage ?
Dites...

ARNOLPHE. Oui, fort plaisant.

HORACE. *Arnolphe rit d'un* rire *forcé.*

                                Riez-en donc un peu,
Cet homme gendarmé d'abord contre mon feu,
Qui chez lui se retranche, et de grès fait parade ,
Comme si j'y voulais entrer par escalade,
Qui pour me repousser dans son bizarre effroi,
Anime du dedans tous ses gens contre moi,
Et qu'abuse à ses yeux par sa machine même ,
Celle qu'il veut tenir dans l'ignorance extrême :
Pour moi je vous l'avoue, encor que son retour
En un grand embarras jette ici mon amour,
Je tiens cela plaisant autant qu'on saurait dire,
Je ne puis y songer sans de bon cœur en rire.
Et vous n'en riez pas assez à mon avis.

ARNOLPHE, *avec un rire forcé.*
Pardonnez-moi, j'en ris tout autant que je puis.

HORACE. Mais il faut qu'en ami je vous montre la lettre.
　　Tout ce que son cœur sent, sa main a su l'y mettre :
　　Mais en termes touchants, et tous pleins de bonté,
　　De tendresse innocente, et d'ingénuité ;
　　De la manière enfin que la pure nature
　　Exprime de l'amour la première blessure.

ARNOLPHE, *bas.* Voilà, friponne, à quoi l'écriture te sert,
　　Et contre mon dessein l'art t'en fut découvert.

HORACE *lit.* « Je veux vous écrire, et je suis bien en peine par où je m'y prendrai. J'ai des pensées que je désirerais que vous sussiez ; mais je ne sais comment faire pour vous les dire, et je me défie de mes paroles. Comme je commence à connaître qu'on m'a toujours tenue dans l'ignorance, j'ai peur de mettre quelque chose, qui ne soit pas bien, et d'en dire plus que je ne devrais. En vérité je ne sais ce que vous m'avez fait ; mais je sens que je suis fâchée à mourir de ce qu'on me fait faire contre vous, que j'aurai toutes les peines du monde à me passer de vous, et que je serais bien aise d'être à vous. Peut-être qu'il y a du mal à dire cela, mais enfin je ne puis m'empêcher de le dire, et je voudrais que cela se pût faire, sans qu'il y en eût. On me dit fort, que tous les jeunes hommes sont des trompeurs, qu'il ne les faut point écouter, et que tout ce que vous me dites, n'est que pour m'abuser ; mais je vous assure, que je n'ai pu encore me figurer cela de vous, et je suis si touchée de vos paroles, que je ne saurais croire qu'elles soient menteuses. Dites-moi franchement ce qui en est : car enfin, comme je suis sans malice, vous auriez le plus grand tort du monde, si vous me trompiez. Et je pense que j'en mourrais de déplaisir. »

ARNOLPHE.
Hom chienne.

HORACE.   Qu'avez-vous ?

ARNOLPHE.   Moi ? rien ; c'est que je tousse.

HORACE. Avez-vous jamais vu, d'expression plus douce,
    Malgré les soins maudits d'un injuste pouvoir,
    Un plus beau naturel peut-il se faire voir ?
    Et n'est-ce pas sans doute un crime punissable,
    De gâter méchamment ce fonds d'âme admirable ?
    D'avoir dans l'ignorance et la stupidité,
    Voulu de cet esprit étouffer la clarté ?
    L'amour a commencé d'en déchirer le voile,
    Et si par la faveur de quelque bonne étoile,
    Je puis, comme j'espère, à ce franc animal,
    Ce traître, ce bourreau, ce faquin, ce brutal...

ARNOLPHE. Adieu.

HORACE.   Comment, si vite ?

ARNOLPHE.   Il m'est dans la pensée.
    Venu tout maintenant une affaire pressée.

HORACE.
    Mais ne sauriez-vous point comme on la tient de près,
    Qui dans cette maison pourrait avoir accès ?
    J'en use sans scrupule, et ce n'est pas merveille,
    Qu'on se puisse entre amis servir à la pareille.
    Je n'ai plus là-dedans que gens pour m'observer,
    Et servante et valet que je viens de trouver,

N'ont jamais de quelque air que je m'y sois pu prendre,
Adouci leur rudesse à me vouloir entendre ;
J'avais pour de tels coups certaine vieille en main,
D'un génie à vrai dire au-dessus de l'humain,
Elle m'a dans l'abord servi de bonne sorte :
Mais depuis quatre jours la pauvre femme est morte,
Ne me pourriez-vous point ouvrir quelque moyen ?

ARNOLPHE. Non vraiment, et sans moi vous en trouverez bien.

HORACE. Adieu donc. Vous voyez ce que je vous confie.

SCÈNE V

ARNOLPHE. Comme il faut devant lui que je me mortifie,
Quelle peine à cacher mon déplaisir cuisant.
Quoi pour une innocente, un esprit si présent ?
Elle a feint d'être telle à mes yeux la traîtresse ;
Ou le diable à son âme a soufflé cette adresse :
Enfin me voilà mort par ce funeste écrit,
Je vois qu'il a le traître empaumé son esprit,
Qu'à ma suppression il s'est ancré chez elle,
Et c'est mon désespoir, et ma peine mortelle,
Je souffre doublement dans le vol de son cœur,
Et l'amour y pâtit aussi bien que l'honneur.
J'enrage de trouver cette place usurpée,
Et j'enrage de voir ma prudence trompée.
Je sais que pour punir son amour libertin
Je n'ai qu'à laisser faire à son mauvais destin,
Que je serai vengé d'elle par elle-même :
Mais il est bien fâcheux de perdre ce qu'on aime.
Ciel ! puisque pour un choix j'ai tant philosophé,
Faut-il de ses appas m'être si fort coiffé ?
Elle n'a ni parents, ni support , ni richesse,
Elle trahit mes soins, mes bontés, ma tendresse,
Et cependant je l'aime, après ce lâche tour,
Jusqu'à ne me pouvoir passer de cet amour.
Sot, n'as-tu point de honte ? Ah je crève, j'enrage,
Et je souffletterais mille fois mon visage,
Je veux entrer un peu ; mais seulement pour voir

Quelle est sa contenance après un trait si noir.
Ciel ! faites que mon front soit exempt de disgrâce,
Ou bien s'il est écrit, qu'il faille que j'y passe,
Donnez-moi tout au moins pour de tels accidens,
La constance qu'on voit à de certaines gens.

ACTE IV

SCÈNE PREMIÈRE

ARNOLPHE. J'ai peine, je l'avoue, à demeurer en place,
    Et de mille soucis mon esprit s'embarrasse,
    Pour pouvoir mettre un ordre et dedans et dehors,
    Qui du godelureau rompe tous les efforts :
    De quel œil la traîtresse a soutenu ma vue,
    De tout ce qu'elle a fait elle n'est point émue.
    Et bien qu'elle me mette à deux doigts du trépas,
    On dirait à la voir qu'elle n'y touche pas.
    Plus en la regardant je la voyais tranquille,
    Plus je sentais en moi s'échauffer une bile,
    Et ces bouillants transports dont s'enflammait mon cœur,
    Y semblaient redoubler mon amoureuse ardeur.
    J'étais aigri, fâché, désespéré contre elle,
    Et cependant jamais je ne la vis si belle ;
    Jamais ses yeux aux miens n'ont paru si perçants,
    Jamais je n'eus pour eux des desirs si pressants,
    Et je sens là dedans qu'il faudra que je crève,
    Si de mon triste sort la disgrâce s'achève.
    Quoi ? j'aurai dirigé son éducation
    Avec tant de tendresse et de précaution ?
    Je l'aurai fait passer chez moi dès son enfance,
    Et j'en aurai chéri la plus tendre espérance ?

Mon cœur aura bâti sur ses attraits naissans,
Et cru la mitonner pour moi durant treize ans,
Afin qu'un jeune fou dont elle s'amourache
Me la vienne enlever jusque sur la moustache,
Lorsqu'elle est avec moi mariée à demi ?
Non parbleu, non parbleu, petit sot mon ami,
Vous aurez beau tourner ou j'y perdrai mes peines,
Ou je rendrai ma foi, vos espérances vaines,
Et de moi tout à fait vous ne vous rirez point.

SCÈNE II

LE NOTAIRE, ARNOLPHE.

LE NOTAIRE. Ah le voilà ! Bonjour, me voici tout à point
  Pour dresser le contrat que vous souhaitez faire.
ARNOLPHE, *sans le voir.*
  Comment faire ?
LE NOTAIRE.   Il le faut dans la forme ordinaire.
ARNOLPHE, *sans le voir.*
  À mes précautions je veux songer de près.
LE NOTAIRE. Je ne passerai rien contre vos intérêts.
ARNOLPHE, *sans le voir.*
  Il se faut garantir de toutes les surprises.
LE NOTAIRE.
  Suffit qu'entre mes mains vos affaires soient mises,
  Il ne vous faudra point de peur d'être déçu,
  Quittancer le contrat que vous n'ayez reçu.
ARNOLPHE, *sans le voir.*
  J'ai peur si je vais faire éclater quelque chose
  Que de cet incident par la ville on ne cause.
LE NOTAIRE. Hé bien il est aisé d'empêcher cet éclat,
  Et l'on peut en secret faire votre contrat.
ARNOLPHE, *sans le voir.*
  Mais comment faudra-t-il qu'avec elle j'en sorte ?
LE NOTAIRE. Le douaire se règle au bien qu'on vous apporte.
ARNOLPHE, *sans le voir.*
  Je l'aime, et cet amour est mon grand embarras.
LE NOTAIRE. On peut avantager une femme en ce cas.

ARNOLPHE, *sans le voir.*

Quel traitement lui faire en pareille aventure ?

LE NOTAIRE. L'ordre est que le futur doit douer la future

Du tiers du dot qu'elle a , mais cet ordre n'est rien,

Et l'on va plus avant lorsque l'on le veut bien.

ARNOLPHE, *sans le voir.*

Si...

LE NOTAIRE, *Arnolphe l'apercevant.*

Pour le préciput , il les regarde ensemble,

Je dis que le futur peut comme bon lui semble

Douer la future.

ARNOLPHE, *l'ayant aperçu.* Euh !

LE NOTAIRE.   Il peut l'avantager.

Lorsqu'il l'aime beaucoup et qu'il veut l'obliger,

Et cela par douaire, ou préfix qu'on appelle,

Qui demeure perdu par le trépas d'icelle,

Ou sans retour, qui va de ladite à ses hoirs,

Ou coutumier, selon les différents vouloirs,

Ou par donation dans le contrat formelle,

Qu'on fait, ou pure et simple, ou qu'on fait mutuelle ;

Pourquoi hausser le dos ? Est-ce qu'on parle en fat,

Et que l'on ne sait pas les formes d'un contrat ?

Qui me les apprendra ? Personne ; je présume.

Sais-je pas qu'étant joints on est par la coutume,

Communs en meubles, biens, immeubles et conquêts ,

À moins que par un acte on y renonce exprès ?

Sais-je pas que le tiers du bien de la future

Entre en communauté pour ? ...

ARNOLPHE.   Oui, c'est chose sûre,

Vous savez tout cela, mais qui vous en dit mot ?

LE NOTAIRE. Vous qui me prétendez faire passer pour sot,

En me haussant l'épaule, et faisant la grimace.

ARNOLPHE. La peste soit fait l'homme , et sa chienne de face.

Adieu. C'est le moyen de vous faire finir.

LE NOTAIRE. Pour dresser un contrat m'a-t-on pas fait venir ?

ARNOLPHE. Oui, je vous ai mandé : mais la chose est remise,

Et l'on vous mandera quand l'heure sera prise.

Voyez quel diable d'homme avec son entretien ?

LE NOTAIRE. Je pense qu'il en tient , et je crois penser bien.

SCÈNE III

LE NOTAIRE, ALAIN, GEORGETTE.

LE NOTAIRE. M'êtes-vous pas venu querir pour votre maître ?
ALAIN. Oui.
LE NOTAIRE. J'ignore pour qui vous le pouvez connaître :
 Mais allez de ma part lui dire de ce pas
  Que c'est un fou fieffé.
GEORGETTE.   Nous n'y manquerons pas.

SCÈNE IV

ALAIN, GEORGETTE, ARNOLPHE.

ALAIN. Monsieur...
ARNOLPHE.   Approchez-vous, vous êtes mes fidèles,
 Mes bons, mes vrais amis, et j'en sais des nouvelles.
ALAIN. Le notaire...
ARNOLPHE.   Laissons, c'est pour quelque autre jour.
 On veut à mon honneur jouer d'un mauvais tour :
 Et quel affront pour vous mes enfants pourrait-ce être,
 Si l'on avait ôté l'honneur à votre maître ?
 Vous n'oseriez après paraître en nul endroit,
 Et chacun vous voyant vous montrerait au doigt :
 Donc puisque autant que moi l'affaire vous regarde,
 Il faut de votre part faire une telle garde
 Que ce galant ne puisse en aucune façon...
GEORGETTE. Vous nous avez tantôt montré notre leçon.
ARNOLPHE.
 Mais à ses beaux discours gardez bien de vous rendre.
ALAIN. Oh vraiment...
GEORGETTE.   Nous savons comme il faut s'en défendre.
ARNOLPHE. S'il venait doucement. «Alain, mon pauvre cœur,
 Par un peu de secours soulage ma langueur.»
ALAIN. Vous êtes un sot.
ARNOLPHE. Bon. *(À Georgette.)* «Georgette ma mignonne,
 Tu me parais si douce, et si bonne personne.»
GEORGETTE.
 Vous êtes un nigaud.

ARNOLPHE.   Bon. *(À Alain.)* «Quel mal trouves-tu.
Dans un dessein honnête, et tout plein de vertu ?»
ALAIN.
Vous êtes un fripon.
ARNOLPHE.   Fort bien. *(À Georgette.)* «Ma mort est sûre.
Si tu ne prends pitié des peines que j'endure.»
GEORGETTE. Vous êtes un benêt, un impudent.
ARNOLPHE.   Fort bien.
«Je ne suis pas un homme à vouloir rien pour rien,
Je sais quand on me sert en garder la mémoire :
Cependant par avance, Alain voilà pour boire,
Et voilà pour t'avoir, Georgette, un cotillon.
(Ils tendent tous deux la main, et prennent l'argent.)
Ce n'est de mes bienfaits qu'un simple échantillon,
Toute la courtoisie enfin dont je vous presse,
C'est que je puisse voir votre belle maîtresse.»

GEORGETTE, *le poussant.*
À d'autres.
ARNOLPHE. Bon cela.
ALAIN, *le poussant.*   Hors d'ici.
ARNOLPHE.   Bon.
GEORGETTE, *le poussant.*   Mais tôt.
ARNOLPHE. Bon. Holà, c'est assez.
GEORGETTE.   Fais-je pas comme il faut ?
ALAIN. Est-ce de la façon que vous voulez l'entendre ?
ARNOLPHE.
   Oui, fort bien, hors l'argent qu'il ne fallait pas prendre.
GEORGETTE.
   Nous ne nous sommes pas souvenus de ce point.
ALAIN. Voulez-vous qu'à l'instant nous recommencions ?
ARNOLPHE.   Point.
   Suffit, rentrez tous deux.
ALAIN.   Vous n'avez rien qu'à dire.
ARNOLPHE. Non, vous dis-je, rentrez, puisque je le désire.
   Je vous laisse l'argent, allez, je vous rejoins,
   Ayez bien l'œil à tout, et secondez mes soins.

SCÈNE V

ARNOLPHE. Je veux pour espion qui soit d'exacte vue,
   Prendre le savetier du coin de notre rue ;
   Dans la maison toujours je prétends la tenir,
   Y faire bonne garde, et surtout en bannir
   Vendeuses de ruban, perruquières, coiffeuses,
   Faiseuses de mouchoirs, gantières, revendeuses,
   Tous ces gens qui sous main travaillent chaque jour,
   À faire réussir les mystères d'amour ;
   Enfin j'ai vu le monde, et j'en sais les finesses,
   Il faudra que mon homme ait de grandes adresses,
   Si message ou poulet de sa part peut entrer.

SCÈNE VI

HORACE, ARNOLPHE.

HORACE. La place m'est heureuse à vous y rencontrer,
   Je viens de l'échapper bien belle je vous jure,
   Au sortir d'avec vous sans prévoir l'aventure,
   Seule dans son balcon j'ai vu paraître Agnès,
   Qui des arbres prochains prenait un peu le frais ;
   Après m'avoir fait signe, elle a su faire en sorte
   Descendant au jardin, de m'en ouvrir la porte :
   Mais à peine tous deux dans sa chambre étions-nous,
   Qu'elle a sur les degrés entendu son jaloux,
   Et tout ce qu'elle a pu dans un tel accessoire ,
   C'est de me renfermer dans une grande armoire ;
   Il est entré d'abord ; je ne le voyais pas,
   Mais je l'oyais marcher sans rien dire à grands pas ;
   Poussant de temps en temps des soupirs pitoyables,
   Et donnant quelquefois de grands coups sur les tables,
   Frappant un petit chien qui pour lui s'émouvait,
   Et jetant brusquement les hardes qu'il trouvait,
   Il a même cassé d'une main mutinée,
   Des vases dont la belle ornait sa cheminée,
   Et sans doute il faut bien qu'à ce becque cornu ,
   Du trait qu'elle a joué quelque jour soit venu ;
   Enfin après cent tours ayant de la manière,
   Sur ce qui n'en peut mais déchargé sa colère,
   Mon jaloux inquiet sans dire son ennui,
   Est sorti de la chambre, et moi de mon étui,
   Nous n'avons point voulu, de peur du personnage,
   Risquer à nous tenir ensemble davantage,
   C'était trop hasarder ; mais je dois cette nuit,
   Dans sa chambre un peu tard m'introduire sans bruit,
   En toussant par trois fois je me ferai connaître,
   Et je dois au signal voir ouvrir la fenêtre,
   Dont avec une échelle, et secondé d'Agnès,
   Mon amour tâchera de me gagner l'accès.
   Comme à mon seul ami je veux bien vous l'apprendre,
   L'allégresse du cœur s'augmente à la répandre,
   Et goûtât-on cent fois un bonheur trop parfait ,
   On n'en est pas content si quelqu'un ne le sait ;

Vous prendrez part je pense à l'heur de mes affaires
Adieu je vais songer aux choses nécessaires.

SCÈNE VII

ARNOLPHE. Quoi ? l'astre qui s'obstine à me désespérer,
    Ne me donnera pas le temps de respirer,
    Coup sur coup je verrai par leur intelligence,
    De mes soins vigilants confondre la prudence,
    Et je serai la dupe en ma maturité,
    D'une jeune innocente, et d'un jeune éventé ?
    En sage philosophe on m'a vu vingt années,
    Contempler des maris les tristes destinées,
    Et m'instruire avec soin de tous les accidents,
    Qui font dans le malheur tomber les plus prudents,
    Des disgrâces d'autrui profitant dans mon âme,
    J'ai cherché les moyens voulant prendre une femme,
    De pouvoir garantir mon front de tous affronts,
    Et le tirer de pair d'avec les autres fronts ;
    Pour ce noble dessein j'ai cru mettre en pratique,
    Tout ce que peut trouver l'humaine politique,
    Et comme si du sort il était arrêté,
    Que nul homme ici-bas n'en serait exempté,
    Après l'expérience, et toutes les lumières,
    Que j'ai pu m'acquérir sur de telles matières,
    Après vingt ans et plus, de méditation,
    Pour me conduire en tout avec précaution,
    De tant d'autres maris j'aurais quitté la trace,
    Pour me trouver après dans la même disgrâce.
    Ah bourreau de destin vous en aurez menti,
    De l'objet qu'on poursuit, je suis encor nanti ;
    Si son cœur m'est volé par ce blondin funeste,
    J'empêcherai du moins qu'on s'empare du reste,
    Et cette nuit qu'on prend pour ce galant exploit,
    Ne se passera pas si doucement qu'on croit,
    Ce m'est quelque plaisir parmi tant de tristesse,
    Que l'on me donne avis du piège qu'on me dresse,
    Et que cet étourdi qui veut m'être fatal,
    Fasse son confident de son propre rival.

SCÈNE VIII

CHRYSALDE, ARNOLPHE.

CHRYSALDE. Hé bien, souperons-nous avant la promenade ?

ARNOLPHE. Non, je jeûne ce soir.

CHRYSALDE.   D'où vient cette boutade ?

ARNOLPHE. De grâce excusez-moi, j'ai quelque autre embarras.

CHRYSALDE. Votre hymen résolu ne se fera-t-il pas ?

ARNOLPHE. C'est trop s'inquiéter des affaires des autres.

CHRYSALDE.
Oh, oh, si brusquement ? Quels chagrins sont les vôtres ?
Serait-il point, compère, à votre passion,
Arrivé quelque peu de tribulation ?
Je le jurerais presque à voir votre visage.

ARNOLPHE. Quoi qu'il m'arrive au moins aurai-je l'avantage,
De ne pas ressembler à de certaines gens,
Qui souffrent doucement l'approche des galants.

CHRYSALDE. C'est un étrange fait qu'avec tant de lumières,
Vous vous effarouchiez toujours sur ces matières,
Qu'en cela vous mettiez le souverain bonheur,
Et ne conceviez point au monde d'autre honneur ;
Être avare, brutal, fourbe, méchant, et lâche,
N'est rien à votre avis auprès de cette tache,
Et de quelque façon qu'on puisse avoir vécu,
On est homme d'honneur quand on n'est point cocu.
À le bien prendre au fond, pourquoi voulez-vous croire,
Que de ce cas fortuit dépende notre gloire ?
Et qu'une âme bien née ait à se reprocher,
L'injustice d'un mal qu'on ne peut empêcher ?
Pourquoi voulez-vous, dis-je en prenant une femme,
Qu'on soit digne à son choix de louange ou de blâme,
Et qu'on s'aille former un monstre plein d'effroi,
De l'affront que nous fait son manquement de foi ?
Mettez-vous dans l'esprit qu'on peut du cocuage,
Se faire en galant homme une plus douce image,
Que des coups du hasard aucun n'étant garant,
Cet accident de soi doit être indifférent,
Et qu'enfin tout le mal quoi que le monde glose,
N'est que dans la façon de recevoir la chose.
Car pour se bien conduire en ces difficultés ,

Il y faut comme en tout fuir les extrémités,
N'imiter pas ces gens un peu trop débonnaires,
Qui tirent vanité de ces sortes d'affaires ;
De leurs femmes toujours vont citant les galants,
En font partout l'éloge, et prônent leurs talents,
Témoignent avec eux d'étroites sympathies,
Sont de tous leurs cadeaux , de toutes leurs parties,
Et font qu'avec raison les gens sont étonnés,
De voir leur hardiesse à montrer là leur nez.
Ce procédé, sans doute, est tout à fait blâmable :
Mais l'autre extrémité n'est pas moins condamnable,
Si je n'approuve pas ces amis des galants,
Je ne suis pas aussi pour ces gens turbulents,
Dont l'imprudent chagrin qui tempête et qui gronde,
Attire au bruit qu'il fait, les yeux de tout le monde ;
Et qui par cet éclat semblent ne pas vouloir
Qu'aucun puisse ignorer ce qu'ils peuvent avoir.
Entre ces deux partis il en est un honnête,
Où dans l'occasion l'homme prudent s'arrête,
Et quand on le sait prendre on n'a point à rougir,
Du pis dont une femme avec nous puisse agir.
Quoi qu'on en puisse dire, enfin le cocuage
Sous des traits moins affreux aisément s'envisage :
Et comme je vous dis, toute l'habileté,
Ne va qu'à le savoir tourner du bon côté.

ARNOLPHE. Après ce beau discours toute la confrérie,
Doit un remerciement à votre seigneurie :
Et quiconque voudra vous entendre parler,
Montrera de la joie à s'y voir enrôler.

CHRYSALDE. Je ne dis pas cela, car c'est ce que je blâme :
Mais comme c'est le sort qui nous donne une femme,
Je dis que l'on doit faire ainsi qu'au jeu de dés,
Où s'il ne vous vient pas ce que vous demandez
Il faut jouer d'adresse, et d'une âme réduite,
Corriger le hasard par la bonne conduite.

ARNOLPHE. C'est-à-dire dormir, et manger toujours bien,
Et se persuader que tout cela n'est rien.

CHRYSALDE.
Vous pensez vous moquer , mais à ne vous rien feindre,
Dans le monde je vois cent choses plus à craindre,

Et dont je me ferais un bien plus grand malheur,
Que de cet accident qui vous fait tant de peur.
Pensez-vous qu'à choisir de deux choses prescrites,
Je n'aimasse pas mieux être ce que vous dites,
Que de me voir mari de ces femmes de bien,
Dont la mauvaise humeur fait un procès sur rien.
Ces dragons de vertu , ces honnêtes diablesses,
Se retranchant toujours sur leurs sages prouesses,
Qui pour un petit tort qu'elles ne nous font pas,
Prennent droit de traiter les gens de haut en bas,
Et veulent sur le pied de nous être fidèles,
Que nous soyons tenus à tout endurer d'elles :
Encore un coup compère, apprenez qu'en effet,
Le cocuage n'est que ce que l'on le fait,
Qu'on peut le souhaiter pour de certaines causes,
Et qu'il a ses plaisirs comme les autres choses.

ARNOLPHE. Si vous êtes d'humeur à vous en contenter,
Quant à moi ce n'est pas la mienne d'en tâter ;
Et plutôt que subir une telle aventure...

CHRYSALDE. Mon Dieu ne jurez point de peur d'être parjure ;
Si le sort l'a réglé, vos soins sont superflus,
Et l'on ne prendra pas votre avis là-dessus.

ARNOLPHE. Moi ! je serais cocu ?

CHRYSALDE.   Vous voilà bien malade,
Mille gens le sont bien sans vous faire bravade ;
Qui de mine, de cœur, de biens et de maison,
Ne feraient avec vous nulle comparaison.

ARNOLPHE. Et moi je n'en voudrais avec eux faire aucune :
Mais cette raillerie en un mot m'importune.
Brisons là, s'il vous plaît.

CHRYSALDE.   Vous êtes en courroux,
Nous en saurons la cause ; adieu souvenez-vous ;
Quoi que sur ce sujet votre honneur vous inspire,
Que c'est être à demi ce que l'on vient de dire :
Que de vouloir jurer qu'on ne le sera pas.

ARNOLPHE. Moi ! je le jure encore, et je vais de ce pas,
Contre cet accident trouver un bon remède.

SCÈNE IX

ALAIN, GEORGETTE, ARNOLPHE.

ARNOLPHE. Mes amis, c'est ici que j'implore votre aide,
Je suis édifié de votre affection ;
Mais il faut qu'elle éclate en cette occasion :
Et si vous m'y servez selon ma confiance,
Vous êtes assurés de votre récompense.
L'homme que vous savez, n'en faites point de bruit,
Veut comme je l'ai su m'attraper cette nuit,
Dans la chambre d'Agnès entrer par escalade,
Mais il lui faut nous trois dresser une embuscade :
Je veux que vous preniez chacun un bon bâton,
Et quand il sera près du dernier échelon ;
Car dans le temps qu'il faut j'ouvrirai la fenêtre,
Que tous deux à l'envi vous me chargiez ce traître :
Mais d'un air dont son dos garde le souvenir,
Et qui lui puisse apprendre à n'y plus revenir,
Sans me nommer pourtant en aucune manière,
Ni faire aucun semblant que je serai derrière.
Aurez-vous bien l'esprit de servir mon courroux ?

ALAIN. S'il ne tient qu'à frapper, Monsieur, tout est à nous.
Vous verrez, quand je bats, si j'y vais de main morte.

GEORGETTE.
La mienne, quoique aux yeux, elle n'est pas si forte ,
N'en quitte pas sa part à le bien étriller.

ARNOLPHE. Rentrez donc, et surtout gardez de babiller ;
Voilà pour le prochain une leçon utile,
Et si tous les maris qui sont en cette ville,
De leurs femmes ainsi recevaient le galant,
Le nombre des cocus ne serait pas si grand.

ACTE V
SCÈNE PREMIÈRE
ARNOLPHE, ALAIN, GEORGETTE.

ARNOLPHE. Traîtres, qu'avez-vous fait par cette violence ?

ALAIN. Nous vous avons rendu, Monsieur, obéissance.

ARNOLPHE. De cette excuse en vain vous voulez vous armer.
  L'ordre était de le battre, et non de l'assommer ;
  Et c'était sur le dos, et non pas sur la tête,
  Que j'avais commandé qu'on fît choir la tempête.
  Ciel ! dans quel accident me jette ici le sort ?
  Et que puis-je résoudre à voir cet homme mort ?
  Rentrez dans la maison ; et gardez de rien dire
  De cet ordre innocent que j'ai pu vous prescrire.
  Le jour s'en va paraître, et je vais consulter
  Comment dans ce malheur je me dois comporter.
  Hélas ! que deviendrai-je ? et que dira le père,
  Lorsque inopinément il saura cette affaire ?

SCÈNE II
HORACE, ARNOLPHE.

HORACE. Il faut que j'aille un peu reconnaître qui c'est.

ARNOLPHE. Eût-on jamais prévu... Qui va là ? s'il vous plaît.

HORACE.
  C'est vous, Seigneur Arnolphe ?

ARNOLPHE.   Oui ; mais vous...

HORACE.   C'est Horace.
   Je m'en allais chez vous, vous prier d'une grâce,
   Vous sortez bien matin !
ARNOLPHE, *bas.*   Quelle confusion !
   Est-ce un enchantement ? est-ce une illusion ?
HORACE. J'étais, à dire vrai, dans une grande peine ;
   Et je bénis du Ciel la bonté souveraine,
   Qui fait qu'à point nommé je vous rencontre ainsi.
   Je viens vous avertir que tout a réussi,
   Et même beaucoup plus que je n'eusse osé dire ;
   Et par un incident qui devait tout détruire.
   Je ne sais point par où l'on a pu soupçonner
   Cette assignation qu'on m'avait su donner :
   Mais étant sur le point d'atteindre à la fenêtre
   J'ai, contre mon espoir, vu quelques gens paraître ,
   Qui sur moi brusquement levant chacun le bras
   M'ont fait manquer le pied et tomber jusqu'en bas ;
   Et ma chute aux dépens de quelque meurtrissure ,
   De vingt coups de bâton m'a sauvé l'aventure.
   Ces gens-là, dont était je pense mon jaloux ,
   Ont imputé ma chute à l'effort de leurs coups,
   Et comme la douleur un assez long espace
   M'a fait sans remuer demeurer sur la place,
   Ils ont cru tout de bon qu'ils m'avaient assommé,
   Et chacun d'eux s'en est aussitôt alarmé.
   J'entendais tout leur bruit dans le profond silence ,
   L'un l'autre ils s'accusaient de cette violence ,
   Et sans lumière aucune en querellant le sort ,
   Sont venus doucement tâter si j'étais mort.
   Je vous laisse à penser si dans la nuit obscure ,
   J'ai d'un vrai trépassé su tenir la figure.
   Ils se sont retirés avec beaucoup d'effroi ;
   Et comme je songeais à me retirer moi ,
   De cette feinte mort la jeune Agnès émue,
   Avec empressement est devers moi venue :
   Car les discours qu'entre eux ces gens avaient tenus ,
   Jusques à son oreille étaient d'abord venus,
   Et pendant tout ce trouble étant moins observée ,
   Du logis aisément elle s'était sauvée.
   Mais me trouvant sans mal elle a fait éclater

Un transport difficile à bien représenter.
Que vous dirai-je ? enfin cette aimable personne
A suivi les conseils que son amour lui donne ,
N'a plus voulu songer à retourner chez soi ,
Et de tout son destin s'est commise à ma foi.
Considérez un peu par ce trait d'innocence
Où l'expose d'un fou la haute impertinence ;
Et quels fâcheux périls elle pourrait courir ,
Si j'étais maintenant homme à la moins chérir ?
Mais d'un trop pur amour mon âme est embrasée ,
J'aimerais mieux mourir que l'avoir abusée.
Je lui vois des appas dignes d'un autre sort ,
Et rien ne m'en saurait séparer que la mort.
Je prévois là-dessus l'emportement d'un père :
Mais nous prendrons le temps d'apaiser sa colère.
À des charmes si doux je me laisse emporter ,
Et dans la vie , enfin , il se faut contenter.
Ce que je veux de vous sous un secret fidèle ,
C'est que je puisse mettre en vos mains cette belle,
Que dans votre maison, en faveur de mes feux ,
Vous lui donniez retraite au moins un jour ou deux.
Outre qu'aux yeux du monde il faut cacher sa fuite,
Et qu'on en pourra faire une exacte poursuite ,
Vous savez qu'une fille aussi de sa façon
Donne avec un jeune homme un étrange soupçon.
Et comme c'est à vous, sûr de votre prudence
Que j'ai fait de mes feux entière confidence ;
C'est à vous seul aussi comme ami généreux
Que je puis confier ce dépôt amoureux.

ARNOLPHE. Je suis, n'en doutez point, tout à votre service.

HORACE. Vous voulez bien me rendre un si charmant office ?

ARNOLPHE. Très volontiers, vous dis-je, et je me sens ravir
    De cette occasion que j'ai de vous servir.
    Je rends grâces au Ciel de ce qu'il me l'envoie,
    Et n'ai jamais rien fait avec si grande joie.

HORACE. Que je suis redevable à toutes vos bontés !
    J'avais de votre part craint des difficultés :
    Mais vous êtes du monde, et dans votre sagesse
    Vous savez excuser le feu de la jeunesse,
    Un de mes gens la garde au coin de ce détour.

ARNOLPHE.
Mais comment ferons-nous ? car il fait un peu jour ;
Si je la prends ici, l'on me verra, peut-être,
Et s'il faut que chez moi vous veniez à paraître,
Des valets causeront. Pour jouer au plus sûr,
Il faut me l'amener dans un lieu plus obscur,
Mon allée est commode, et je l'y vais attendre.
HORACE. Ce sont précautions qu'il est fort bon de prendre.
Pour moi je ne ferai que vous la mettre en main,
Et chez moi sans éclat je retourne soudain.
ARNOLPHE,*seul*. Ah fortune ! ce trait d'aventure propice,
Répare tous les maux que m'a faits ton caprice.

SCÈNE III

AGNÈS, ARNOLPHE, HORACE.

HORACE. Ne soyez point en peine, où je vais vous mener,
C'est un logement sûr que je vous fais donner.
Vous loger avec moi, ce serait tout détruire,
Entrez dans cette porte, et laissez-vous conduire.
(Arnolphe lui prend la main sans qu'elle le connaisse.)
AGNÈS. Pourquoi me quittez-vous ?
HORACE.   Chère Agnès, il le faut.
AGNÈS. Songez donc, je vous prie, à revenir bientôt.
HORACE. J'en suis assez pressé par ma flamme amoureuse.
AGNÈS. Quand je ne vous vois point, je ne suis point joyeuse.
HORACE. Hors de votre présence on me voit triste aussi.
AGNÈS. Hélas ! s'il était vrai, vous resteriez ici.
HORACE. Quoi ! vous pourriez douter de mon amour extrême ?
AGNÈS. Non, vous ne m'aimez pas autant que je vous aime.
(Arnolphe la tire.)
Ah l'on me tire trop !
HORACE.   C'est qu'il est dangereux,
Chère Agnès, qu'en ce lieu nous soyons vus tous deux,
Et ce parfait ami de qui la main vous presse,
Suit le zèle prudent qui pour nous l'intéresse.
AGNÈS. Mais suivre un inconnu que...

HORACE. N'appréhendez rien,
Entre de telles mains vous ne serez que bien.
AGNÈS. Je me trouverais mieux entre celles d'Horace.
HORACE. Et j'aurais...
AGNÈS *à celui qui la tient.* Attendez.
HORACE. Adieu, le jour me chasse.
AGNÈS. Quand vous verrai-je donc ?
HORACE. Bientôt, assurément.
AGNÈS. Que je vais m'ennuyer jusques à ce moment !
HORACE.
Grâce au Ciel, mon bonheur n'est plus en concurrence ,
Et je puis maintenant dormir en assurance.

SCÈNE IV

ARNOLPHE, AGNÈS.

ARNOLPHE, *le nez dans son manteau.*
Venez, ce n'est pas là que je vous logerai,
Et votre gîte ailleurs est par moi préparé,
Je prétends en lieu sûr mettre votre personne.
Me connaissez-vous ?
AGNÈS, *le reconnaissant.* Hay.
ARNOLPHE. Mon visage, friponne,
Dans cette occasion rend vos sens effrayés ;
Et c'est à contre-cœur qu'ici vous me voyez ;
Je trouble en ses projets l'amour qui vous possède,
(Agnès regarde si elle ne verra point Horace.)
N'appelez point des yeux le galant à votre aide,
Il est trop éloigné pour vous donner secours ;
Ah, ah, si jeune encor, vous jouez de ces tours,
Votre simplicité, qui semble sans pareille,
Demande si l'on fait les enfants par l'oreille,
Et vous savez donner des rendez-vous la nuit,
Et pour suivre un galant vous évader sans bruit.
Tudieu ? comme avec lui votre langue cajole ;
Il faut qu'on vous ait mise à quelque bonne école.
Qui diantre tout d'un coup vous en a tant appris ?
Vous ne craignez donc plus de trouver des esprits ?
Et ce galant la nuit vous a donc enhardie.

Ah, coquine, en venir à cette perfidie ;
Malgré tous mes bienfaits former un tel dessein,
Petit serpent que j'ai réchauffé dans mon sein,
Et qui dès qu'il se sent, par une humeur ingrate,
Cherche à faire du mal à celui qui le flatte.

AGNÈS. Pourquoi me criez-vous ?

ARNOLPHE.   J'ai grand tort en effet.

AGNÈS. Je n'entends point de mal dans tout ce que j'ai fait.

ARNOLPHE. Suivre un galant n'est pas une action infâme ?

AGNÈS. C'est un homme qui dit qu'il me veut pour sa femme ;
    J'ai suivi vos leçons, et vous m'avez prêché
    Qu'il se faut marier pour ôter le péché.

ARNOLPHE.
    Oui, mais pour femme moi je prétendais vous prendre,
    Et je vous l'avais fait, me semble, assez entendre.

69

AGNÈS. Oui, mais à vous parler franchement entre nous,
Il est plus pour cela, selon mon goût, que vous ;
Chez vous le mariage est fâcheux et pénible,
Et vos discours en font une image terrible :
Mais las ! il le fait lui si rempli de plaisirs,
Que de se marier il donne des désirs.

ARNOLPHE. Ah, c'est que vous l'aimez, traîtresse.

AGNÈS.   Oui je l'aime.

ARNOLPHE. Et vous avez le front de le dire à moi-même ?

AGNÈS. Et pourquoi s'il est vrai, ne le dirais-je pas ?

ARNOLPHE. Le deviez-vous aimer ? impertinente.

AGNÈS.   Hélas !
Est-ce que j'en puis mais ? Lui seul en est la cause,
Et je n'y songeais pas lorsque se fit la chose.

ARNOLPHE. Mais il fallait chasser cet amoureux désir.

AGNÈS. Le moyen de chasser ce qui fait du plaisir ?

ARNOLPHE. Et ne saviez-vous pas que c'était me déplaire ?

AGNÈS. Moi, point du tout, quel mal cela vous peut-il faire ?

ARNOLPHE. Il est vrai, j'ai sujet d'en être réjoui,
Vous ne m'aimez donc pas à ce compte ?

AGNÈS.   ` Vous ?

ARNOLPHE.   Oui.

AGNÈS. Hélas, non.

ARNOLPHE.   Comment, non ?

AGNÈS.   Voulez-vous que je mente ?

ARNOLPHE. Pourquoi ne m'aimer pas, Madame l'impudente ?

AGNÈS. Mon Dieu, ce n'est pas moi que vous devez blâmer ;
Que ne vous êtes-vous comme lui fait aimer ?
Je ne vous en ai pas empêché, que je pense.

ARNOLPHE. Je m'y suis efforcé de toute ma puissance ;
Mais les soins que j'ai pris, je les ai perdus tous.

AGNÈS. Vraiment il en sait donc là-dessus plus que vous ;
Car à se faire aimer il n'a point eu de peine.

ARNOLPHE. Voyez comme raisonne et répond la vilaine.
Peste, une précieuse en dirait-elle plus ?
Ah ! je l'ai mal connue, ou ma foi là-dessus
Une sotte en sait plus que le plus habile homme ;
Puisqu'en raisonnement votre esprit se consomme ,

La belle raisonneuse, est-ce qu'un si long temps
Je vous aurai pour lui nourrie à mes dépens ?

AGNÈS. Non, il vous rendra tout jusques au dernier double .

ARNOLPHE. Elle a de certains mots où mon dépit redouble,
Me rendra-t-il, coquine, avec tout son pouvoir
Les obligations que vous pouvez m'avoir ?

AGNÈS. Je ne vous en ai pas de si grandes qu'on pense.

ARNOLPHE. N'est-ce rien que les soins d'élever votre enfance ?

AGNÈS. Vous avez là dedans bien opéré vraiment,
Et m'avez fait en tout instruire joliment ;
Croit-on que je me flatte, et qu'enfin dans ma tête
Je ne juge pas bien que je suis une bête ?
Moi-même j'en ai honte, et dans l'âge où je suis
Je ne veux plus passer pour sotte, si je puis.

ARNOLPHE. Vous fuyez l'ignorance, et voulez, quoi qu'il coûte,
Apprendre du blondin quelque chose.

AGNÈS.   Sans doute,
C'est de lui que je sais ce que je puis savoir,
Et beaucoup plus qu'à vous je pense lui devoir.

ARNOLPHE. Je ne sais qui me tient qu'avec une gourmade
Ma main de ce discours ne venge la bravade.
J'enrage quand je vois sa piquante froideur,
Et quelques coups de poing satisferaient mon cœur.

AGNÈS. Hélas, vous le pouvez, si cela vous peut plaire.

ARNOLPHE. Ce mot, et ce regard désarme ma colère,
Et produit un retour de tendresse et de cœur,
Qui de son action m'efface la noirceur.
Chose étrange ! d'aimer, et que pour ces traîtresses
Les hommes soient sujets à de telles faiblesses,
Tout le monde connaît leur imperfection.
Ce n'est qu'extravagance, et qu'indiscrétion ;
Leur esprit est méchant, et leur âme fragile,
Il n'est rien de plus faible et de plus imbécile,
Rien de plus infidèle, et malgré tout cela
Dans le monde on fait tout pour ces animaux-là.
Hé bien, faisons la paix, va petite traîtresse,
Je te pardonne tout, et te rends ma tendresse ;
Considère par là l'amour que j'ai pour toi,
Et me voyant si bon, en revanche aime-moi.

AGNÈS. Du meilleur de mon cœur, je voudrais vous complaire,
   Que me coûterait-il, si je le pouvais faire ?

ARNOLPHE. Mon pauvre petit bec, tu le peux si tu veux.
   (Il fait un soupir.)
   Écoute seulement ce soupir amoureux,
   Vois ce regard mourant, contemple ma personne,
   Et quitte ce morveux, et l'amour qu'il te donne ;
   C'est quelque sort qu'il faut qu'il ait jeté sur toi,
   Et tu seras cent fois plus heureuse avec moi.
   Ta forte passion est d'être brave et leste,
   Tu le seras toujours, va, je te le proteste ;
   Sans cesse nuit et jour je te caresserai,
   Je te bouchonnerai , baiserai, mangerai ;
   Tout comme tu voudras, tu pourras te conduire,
   Je ne m'explique point, et cela c'est tout dire.
   (À part.)
   Jusqu'où la passion peut-elle faire aller ?
   Enfin à mon amour rien ne peut s'égaler ;
   Quelle preuve veux-tu que je t'en donne, ingrate ?
   Me veux-tu voir pleurer ? Veux-tu que je me batte ?
   Veux-tu que je m'arrache un côté de cheveux ?
   Veux-tu que je me tue ? Oui, dis si tu le veux,
   Je suis tout prêt, cruelle, à te prouver ma flamme.

AGNÈS. Tenez, tous vos discours ne me touchent point l'âme.
   Horace avec deux mots en ferait plus que vous.

ARNOLPHE.
   Ah ! c'est trop me braver, trop pousser mon courroux ;
   Je suivrai mon dessein, bête trop indocile,
   Et vous dénicherez à l'instant de la ville ;
   Vous rebutez mes vœux, et me mettez à bout ;
   Mais un cul de couvent me vengera de tout.

SCÈNE V

ARNOLPHE, AGNÈS, ALAIN.

ALAIN. Je ne sais ce que c'est, Monsieur, mais il me semble
   Qu'Agnès et le corps mort s'en sont allés ensemble.
ARNOLPHE. La voici ; dans ma chambre allez me la nicher,
   Ce ne sera pas là qu'il la viendra chercher,
   Et puis c'est seulement pour une demie-heure,
   Je vais pour lui donner une sûre demeure
   Trouver une voiture ; enfermez-vous des mieux,
   Et surtout gardez-vous de la quitter des yeux :
   Peut-être que son âme étant dépaysée
   Pourra de cet amour être désabusée.

SCÈNE VI

ARNOLPHE, HORACE.

HORACE. Ah ! je viens vous trouver accablé de douleur,
   Le Ciel, Seigneur Arnolphe, a conclu mon malheur,
   Et par un trait fatal d'une injustice extrême
   On me veut arracher de la beauté que j'aime.
   Pour arriver ici mon père a pris le frais ,
   J'ai trouvé qu'il mettait pied à terre ici près,
   Et la cause en un mot d'une telle venue,
   Qui, comme je disais, ne m'était pas connue,
   C'est qu'il m'a marié sans m'en récrire rien ,
   Et qu'il vient en ces lieux célébrer ce lien.
   Jugez, en prenant part à mon inquiétude,
   S'il pouvait m'arriver un contre-temps plus rude ;
   Cet Enrique, dont hier je m'informais à vous,
   Cause tout le malheur dont je ressens les coups ;
   Il vient avec mon père achever ma ruine,
   Et c'est sa fille unique à qui l'on me destine.
   J'ai dès leurs premiers mots pensé m'évanouir,
   Et d'abord sans vouloir plus longtemps les ouïr ;
   Mon père ayant parlé de vous rendre visite
   L'esprit plein de frayeur je l'ai devancé vite :
   De grâce, gardez-vous de lui rien découvrir
   De mon engagement, qui le pourrait aigrir,

Et tâchez, comme en vous il prend grande créance,
De le dissuader de cette autre alliance.

ARNOLPHE. Oui-da.

HORACE.   Conseillez-lui de différer un peu,
Et rendez en ami ce service à mon feu.

ARNOLPHE. Je n'y manquerai pas.

HORACE.   C'est en vous que j'espère.

ARNOLPHE.
Fort bien.

HORACE.   Et je vous tiens mon véritable père ;
Dites-lui que mon âge... ah ! je le vois venir,
Écoutez les raisons que je vous puis fournir.

Ils demeurent en un coin du théâtre.

SCÈNE VII

ENRIQUE, ORONTE, CHRYSALDE, HORACE, ARNOLPHE.

ENRIQUE, *à Chrysalde.*
Aussitôt qu'à mes yeux je vous ai vu paraître,
Quand on ne m'eût rien dit j'aurais su vous connaître ;
Je vous vois tous les traits de cette aimable sœur ,
Dont l'hymen autrefois m'avait fait possesseur ;
Et je serais heureux, si la Parque cruelle
M'eût laissé ramener cette épouse fidèle,
Pour jouir avec moi des sensibles douceurs
De revoir tous les siens après nos longs malheurs :
Mais puisque du destin la fatale puissance
Nous prive pour jamais de sa chère présence,
Tâchons de nous résoudre, et de nous contenter
Du seul fruit amoureux qui m'en est pu rester,
Il vous touche de près. Et sans votre suffrage
J'aurais tort de vouloir disposer de ce gage ;
Le choix du fils d'Oronte est glorieux de soi,
Mais il faut que ce choix vous plaise comme à moi.

CHRYSALDE. C'est de mon jugement avoir mauvaise estime,
Que douter si j'approuve un choix si légitime.

ARNOLPHE, *à Horace.*
Oui, je vais vous servir de la bonne façon.

HORACE. Gardez encore un coup...

ARNOLPHE.   N'ayez aucun soupçon.

ORONTE, *à Arnolphe.*

Ah ! que cette embrassade est pleine de tendresse.

ARNOLPHE. Que je sens à vous voir, une grande allégresse.

ORONTE. Je suis ici venu...

ARNOLPHE.   Sans m'en faire récit,

Je sais ce qui vous mène.

ORONTE.   On vous l'a déjà dit ?

ARNOLPHE. Oui.

ORONTE.   Tant mieux.

ARNOLPHE.   Votre fils à cet hymen résiste,

Et son cœur prévenu n'y voit rien que de triste,

Il m'a même prié de vous en détourner ;

Et moi tout le conseil que je vous puis donner,

C'est de ne pas souffrir que ce nœud se diffère,

Et de faire valoir l'autorité de père ;

Il faut avec vigueur ranger les jeunes gens,
Et nous faisons contre eux à leur être indulgents.

HORACE. Ah traître !

CHRYSALDE.   Si son cœur a quelque répugnance,
Je tiens qu'on ne doit pas lui faire violence ;
Mon frère, que je crois, sera de mon avis.

ARNOLPHE. Quoi ? se laissera-t-il gouverner par son fils ?
Est-ce que vous voulez qu'un père ait la mollesse
De ne savoir pas faire obéir la jeunesse ?
Il serait beau vraiment, qu'on le vît aujourd'hui
Prendre loi de qui doit la recevoir de lui.
Non, non, c'est mon intime, et sa gloire est la mienne,
Sa parole est donnée, il faut qu'il la maintienne,
Qu'il fasse voir ici de fermes sentiments,
Et force de son fils tous les attachements.

ORONTE. C'est parler comme il faut, et dans cette alliance,
C'est moi qui vous réponds de son obéissance.

CHRYSALDE, *à Arnolphe.*
Je suis surpris, pour moi, du grand empressement
Que vous me faites voir pour cet engagement,
Et ne puis deviner quel motif vous inspire...

ARNOLPHE. Je sais ce que je fais, et dis ce qu'il faut dire.

ORONTE. Oui, oui, Seigneur Arnolphe, il est...

CHRYSALDE.   Ce nom l'aigrit,
C'est Monsieur de la Souche, on vous l'a déjà dit.

ARNOLPHE. Il n'importe.

HORACE.   Qu'entends-je ?

ARNOLPHE, *se retournant vers Horace.*   Oui c'est là le mystère,
Et vous pouvez juger ce que je devais faire.

HORACE. En quel trouble...

SCÈNE VIII

GEORGETTE, HENRIQUE, ORONTE, CHRYSALDE,
HORACE, ARNOLPHE.

GEORGETTE. Monsieur, si vous n'êtes auprès,
    Nous aurons de la peine à retenir Agnès,
    Elle veut à tous coups s'échapper, et peut-être
    Qu'elle se pourrait bien jeter par la fenêtre.
ARNOLPHE. Faites-la-moi venir, aussi bien de ce pas
    Prétends-je l'emmener, ne vous en fâchez pas,
    Un bonheur continu rendrait l'homme superbe,
    Et chacun a son tour, comme dit le proverbe.
HORACE. Quels maux peuvent, ô Ciel égaler mes ennuis ?
    Et s'est-on jamais vu dans l'abîme où je suis ?
ARNOLPHE, *à Oronte.* Pressez vite le jour de la cérémonie,
    J'y prends part, et déjà moi-même je m'en prie.
ORONTE. C'est bien là notre dessein.

SCÈNE IX

AGNÈS, ALAIN, GEORGETTE, HENRIQUE, ORONTE,
CHRYSALDE, HORACE, ARNOLPHE.

ARNOLPHE. Venez, belle, venez,
    Qu'on ne saurait tenir, et qui vous mutinez,
    Voici votre galant, à qui pour récompense
    Vous pouvez faire une humble et douce révérence.
    (À Horace.)
    Adieu, l'événement trompe un peu vos souhaits ;
    Mais tous les amoureux ne sont pas satisfaits.
AGNÈS. Me laissez-vous, Horace, emmener de la sorte ?
HORACE. Je ne sais où j'en suis, tant ma douleur est forte.
ARNOLPHE. Allons, causeuse, allons.
AGNÈS. Je veux rester ici.
ORONTE. Dites-nous ce que c'est que ce mystère-ci,
    Nous nous regardons tous sans le pouvoir comprendre.
ARNOLPHE. Avec plus de loisir je pourrai vous l'apprendre,
    Jusqu'au revoir.
ORONTE. Où donc prétendez-vous aller ?
    Vous ne nous parlez point, comme il nous faut parler.

ARNOLPHE. Je vous ai conseillé malgré tout son murmure,
D'achever l'hyménée.

ORONTE.   Oui, mais pour le conclure.
Si l'on vous a dit tout, ne vous a-t-on pas dit
Que vous avez chez vous celle dont il s'agit ?
La fille qu'autrefois de l'aimable Angélique
Sous des liens secrets eut le seigneur Enrique.
Sur quoi votre discours était-il donc fondé ?

CHRYSALDE. Je m'étonnais aussi de voir son procédé.

ARNOLPHE. Quoi...

CHRYSALDE.   D'un hymen secret ma sœur eut une fille,
Dont on cacha le sort à toute la famille.

ORONTE. Et qui sous de feints noms pour ne rien découvrir,
Par son époux aux champs fut donnée à nourrir.

CHRYSALDE. Et dans ce temps le sort lui déclarant la guerre,
L'obligea de sortir de sa natale terre.

ORONTE. Et d'aller essuyer mille périls divers
Dans ces lieux séparés de nous par tant de mers.

CHRYSALDE. Où ses soins ont gagné ce que dans sa patrie
Avaient pu lui ravir l'imposture et l'envie.

ORONTE. Et de retour en France, il a cherché d'abord
Celle à qui de sa fille il confia le sort.

CHRYSALDE. Et cette paysanne a dit avec franchise,
Qu'en vos mains à quatre ans elle l'avait remise.

ORONTE. Et qu'elle l'avait fait sur votre charité ,
Par un accablement d'extrême pauvreté.

CHRYSALDE. Et lui plein de transport, et l'allégresse en l'âme
A fait jusqu'en ces lieux conduire cette femme.

ORONTE. Et vous allez, enfin, la voir venir ici
Pour rendre aux yeux de tous ce mystère éclairci.

CHRYSALDE. Je devine à peu près quel est votre supplice,
Mais le sort en cela ne vous est que propice ;
Si n'être point cocu vous semble un si grand bien,
Ne vous point marier en est le vrai moyen.

ARNOLPHE, *s'en allant tout transporté et ne pouvant parler.*
Ouf !

ORONTE. D'où vient qu'il s'enfuit sans rien dire ?

HORACE.   Ah mon père
Vous saurez pleinement ce surprenant mystère.
Le hasard en ces lieux avait exécuté
Ce que votre sagesse avait prémédité.
J'étais par les doux nœuds d'une ardeur mutuelle ,
Engagé de parole avecque cette belle ;
Et c'est elle en un mot que vous venez chercher,
Et pour qui mon refus a pensé vous fâcher.

ENRIQUE. Je n'en ai point douté d'abord que je l'ai vue,
Et mon âme depuis n'a cessé d'être émue.
Ah ! ma fille, je cède à des transports si doux.

CHRYSALDE.
J'en ferais de bon cœur, mon frère, autant que vous.
Mais ces lieux et cela ne s'accommodent guères ;
Allons dans la maison débrouiller ces mystères,
Payer à notre ami ses soins officieux,
Et rendre grâce au Ciel qui fait tout pour le mieux.

Molière
L'ECOLE DES FEMMES
Première: 26 décembre 1662
Illustrations: Johannot, Brissart

aionas Verlag, Marstallstr. 1, Weimar
1ère édition, 2017
ISBN: 978-1979169318

52222568R00049